The Art Song

Compiled and Edited by
Alice Howland and Poldi Zeitlin
with new translations by
Edith Braun

Medium Voice

Order No. AM 41526
US International Standard Book Number: 0.8256.4025.3
UK International Standard Book Number: 0.7119.0296.8
Library of Congress Catalog Card Number: M60-1016

Exclusive Distributors:
Music Sales Corporation
257 Park Avenue South, New York, NY 10010 U.S.A.
Music Sales Limited
8/9 Frith Street, London W1V 5TZ England
Music Sales Pty. Limited
120 Rothschild Street, Rosebery, Sydney, NSW 2018, Australia

Printed in the United States of America by
Vicks Lithograph and Printing Corporation

Amsco Publications
New York • London • Sydney

Foreword

This song anthology represents a survey of the world's song literature. It is as complete as the limitations of a single volume permit. The songs are representative of the finest efforts of each composer, yet none present any major difficulty either vocally or pianistically.

The editors have carefully added breath marks. The singer need not necessarily observe them all, but should use the signposts of the text and the musical phrase to determine which are necessary to him.

A good performance demands a complete understanding of words in relation to music. To aid those whose knowledge of language is limited, English translations have been included. For songs in Russian, Czechoslavakian, Hungarian and Norwegian, which are not usually sung in their original tongue, translations have been added within the music. Literal translations are found on page 4 through 15.

The early English and Italian songs which were set by the composers to figured bass only have received new bass realizations in the simple style of the period.

This book will aid young singers in making the acquaintance of the vast song literature of the world, and we hope lead them into exploring the complete works of the many composers whose works are only savored here.

The Publisher

Contents

LITERAL TRANSLATIONS OF SONGS IN FRENCH, GERMAN, ITALIAN AND SPANISH*

Page 16 **Con amores, la mi madre — Anchieta**

Con amores, la mi madre,
Con amores me dormí;
Así dormida soñaba
Lo que el corazón velaba,
Que el amor me consolaba
Con más bien que merecí.
Adormecióme el favor
Que amor me dio con amor;
Dió descanso a mi dolor
La fe con que le serví.
Con amores, la mi madre,
Con amores me dormí!

With love, oh my mother

With love, oh my mother,
With love I fell asleep;
And asleep I dreamed
Of the things the heart watched over,
And love consoled me
Even more than I deserved.
It was a favor to fall asleep
And love was repaid with love;
My sorrow was lightened
By my faithful service.
With love, oh my mother,
With love I fell asleep!

Page 18 **O Jesulein süss, o Jesulein mild — Gorlitzer Tabulaturbuch**

O Jesulein süss, o Jesulein mild,
Deins Vaters Willn hast du erfüllt,
Bist kommen aus dem Himmelreich,
Uns armen Menschen worden gleich.

Oh little Jesus sweet, oh little Jesus mild

Oh little Jesus sweet, oh little Jesus mild,
Your father's wish you have fulfilled,
You have come from the heaven's realm,
Like us poor mortals to become.

Page 28 **Air de Philis — Lully**

Répands, charmante Nuit, répands sur tous les yeux
De tes pavots la douce violence,
Et ne laisse veiller dans ces aimables lieux
Que les coeurs que l'Amour soumet à sa
puissance.
Tes ombres et ton silence,
Plus beaux que le plus beau jour,
Offrent de doux moments à soupirer,
A soupirer d'amour.

Song of Philis

Shed, charming night, shed over all the eyes
Your poppies' gentle violence,
And let awaken in these charming grounds
Only the hearts by love's power subdued.

Your shades and your silence,
Lovelier than the loveliest day,
Offer sweet moments for sighing,
For sighing with love.

Page 30 **O cessate di piagarmi — Scarlatti**

O cessate di piagarmi, o lasciatemi morir!
Luc' ingrate, dispietate,
Più del gelo e più dei marmi,
Fredde e sorde ai miei martir!
Più d'un angue, più d'un aspe,
Crude e sorde ai miei sospir!
Occhi alteri, voi potete risanarmi,
E godete al mio languir!

Oh, end your wounding me

Oh, end your wounding me, oh let me die!
Cruel and merciless eyes,
More than ice and more than marble,
Cold and deaf to my torments!
Like a snake, like an asp,
Cruel and deaf to my sighs!
Haughty eyes, you could heal me,
And you enjoy my suffering!

Page 32 **Vergin, tutto amor — Durante**

Vergin, tutto amor,
O madre di bontade, o madre pia,
Ascolta, dolce Maria,
La voce del peccator.
Il pianto suo ti muova,
Giungano a tei suoi lamenti,
Suo duol, suoi tristi accenti,
Senti pietoso quel tuo cor.
O madre di bontade,
Vergin, tutto amor.

Virgin, all love

Virgin, all love,
Oh Mother of kindness, oh devout Mother,
Hear, sweet Mary,
The voice of the sinner.
May his weeping move you,
And his laments reach you,
May his sorrow, his sad cry,
Be heard by your merciful heart.
Oh, Mother of kindness,
Virgin, all love.

*An English translation has been provided for songs in Russian, Czechoslovakian, Norwegian and Hungarian which are not generally sung in their original tongue. Those are poetic or singable translations and have been included with the music for those songs.

6

Frühlingsglaube — Schubert
Die linden Lüfte sind erwacht,
Sie säuseln und weben Tag und Nacht,
Sie schaffen an allen Enden.
O frischer Duft, o neuer Klang!
Nun, armes Herze, sei nicht bang!
Nun muss sich alles, alles wenden.
Die Welt wird schöner mit jedem Tag,
Man weiss nicht, was noch werden mag,
Das Blühen will nicht enden,
Es blüht das fernste, tiefste Tal:
Nun, armes Herz, vergiss der Qual!
Nun muss sich alles, alles wenden.

Faith in spring
The gentle breezes are awake,
They whisper and waft day and night,
They are busy everywhere.
Oh fresh scent, oh new sound!
Now, poor heart, be not afraid!
Now everything, everything must change.
The world grows lovelier with every day,
One knows not what is yet to come,
The blossoming will not end,
There blooms the furthest, deepest vale:
Now, poor heart, forget your grief!
Now everything, everything must change.

Morgengruss — Schubert
Guten Morgen, schöne Müllerin!
Wo steckst du gleich das Köpfchen hin,
Als wär dir was geschehen?
Verdriesst dich denn mein Gruss so schwer?
Verstört dich denn mein Blick so sehr?
So muss ich wieder gehen.
O lass mich nur von ferne stehn,
Nach deinem lieben Fenster sehn,
Von ferne, ganz von ferne!
Du blondes Köpfchen, komm hervor!
Hervor aus eurem runden Tor,
Ihr blauen Morgensterne!

Morning greeting
Good morning, lovely miller maid!
Where do you hide your little head,
As if someone had harmed you?
Does my greeting vex you much?
Does my gaze disturb you much?
Then I must go again.
Oh let me only stand afar,
Looking at your dear window,
Afar, quite afar!
Your little blonde head, hide no more!
Come out from your round gate,
You blue morningstars!

Frühlingstraum — Schubert
Ich träumte von bunten Blumen,
So wie sie wohl blühen im Mai;
Ich träumte von grünen Wiesen,
Von lustigem Vogelgeschrei.
Und als die Hähne krähten,
Da ward mein Auge wach;
Da war es kalt und finster,
Es schrieen die Raben vom Dach.
Doch an den Fensterscheiben,
Wer malte die Blätter da?
Ihr lacht wohl über den Träumer,
Der Blumen im Winter sah?
Ich träumte von Lieb um Liebe
Von einer schönen Maid,
Von Herzen und von Küssen,
Von Wonne und Seligkeit.
Und als die Hähne krähten,
Da ward mein Herze wach;
Nun sitz ich hier alleine
Und denke dem Traume nach.
Die Augen schliess ich wieder,
Noch schlägt das Herz so warm.
Wann grünt ihr Blätter am Fenster?

Wann halt ich mein Liebchen im Arm?

Dream of spring
I dreamed of gay colored flowers,
As they are blooming in May;
I dreamed of green meadows,
And the joyous chirping of birds.
And when the cocks were crowing,
My eyes became awake;
Then it was cold and gloomy,
The ravens screamed from the roof.
But on the window panes,
Who painted the leaves there?
You may well laugh at the dreamer,
Who saw flowers in winter-time?
I dreamed of love for love
Of a beautiful maiden,
Of caressing and of kissing,
Of bliss and of delight.
And when the cocks were crowing,
My heart became awake;
Now I sit here alone
And think about the dream.
I close my eyes again,
My heart still warmly beats.
When will you, leaves on the window, be
  green?
When will I hold my love in my arms?

Der Wegweiser — Schubert

Was vermeid ich denn die Wege,
Wo die andern Wandrer gehn,
Suche mir versteckte Stege
Durch verschneite Felsenhöhn?
Habe ja doch nichts begangen,
Dass ich Menschen sollte scheun,
Welch ein törichtes Verlangen
Treibt mich in die Wüste nein?
Weiser stehen auf den Wegen,
Weisen auf die Städte zu,
Und ich wandre sonder Massen,
Ohne Ruh, und suche Ruh.
Einen Weiser seh ich stehen
Unverrückt vor meinem Blick;
Eine·Strasse muss ich gehen,
Die noch keiner ging zurück.

The signpost

Why do I avoid the roads,
Where the other wanderers go,
Why do I seek hidden paths
Over snowbound rocky heights?
After all I broke no laws,
That I should avoid mankind,
What is then this foolish yearning
That drives me into desert lands?
Signposts stand along the roads,
Pointing where the cities are,
And I walk on endlessly,
Without rest and seek for rest.
And I see a signpost standing
Immovably before my gaze;
And I have to walk a road,
Wherefrom no one e'er returns.

Suleika — Mendelssohn

Ach, um deine feuchten Schwingen,
West, wie sehr ich dich beneide,
Denn du kannst ihm Kunde bringen,
Was ich in der Trennung leide!
Die Bewegung deiner Flügel
Weckt im Busen stilles Sehnen;
Blumen, Auen, Wald und Hügel
Steh'n bei deinem Hauch in Tränen.
Doch dein mildes, sanftes Wehen
Kühlt die wunden Augenlider;
Ach, für Leid musst ich vergehen,
Hofft' ich nicht zu seh'n ihn wieder!
Eile denn zu meinem Lieben,
Spreche sanft zu seinem Herzen;
Doch vermeid', ihn zu betrüben
Und verbirg ihm meine Schmerzen.
Sag' ihm, aber sag's bescheiden,
Seine Liebe sei mein Leben.
Freudiges Gefühl von beiden
Wird mir seine Nähe geben.

Suleika

Oh, for your moisture laden wings,
Westwind, how I envy you;
For you can bring him the message,
What I suffer to be parted!
The fluttering of your pinions
In my breast wakes silent yearning;
Flowers, fields, wood and hill
By your breath are bathed in tears.
But your gentle, tender breezes
Cool my burning wounded eyelids;
Oh, perish from sorrow I should,
Had I no hope to see him again!
Hurry then to my dear lover,
Do speak softly to his heart;
But avoid to make him sad
And hide from him all my sorrows.
Tell him, but speak modestly,
That his love is my life.
Joyous certainty of both
Will his presence give to me.

Auf Flügeln des Gesanges — Mendelssohn

Auf Flügeln des Gesanges,
Herzliebchen, trag ich dich fort,
Fort nach den Fluren des Ganges,
Dort weiss ich den schönsten Ort.
Dort liegt ein rotblühender Garten
Im stillen Mondenschein;—
Die Lotosblumen erwarten
Ihr trautes Schwesterlein.
Die Veilchen kichern und kosen
Und schau'n nach den Sternen empor;
Heimlich erzählen die Rosen
Sich duftende Märchen in's Ohr.
Es hüpfen herbei und lauschen
Die frommen, klugen Gazell'n;—
Und in der Ferne rauschen
Des heil'gen Stromes Well'n.
Dort wollen wir niedersinken
Unter dem Palmenbaum
Und Lieb' und Ruhe trinken
Und träumen seligen Traum.

On wings of song

On wings of song,
Sweetheart, I carry you away,
Away to the shores of the Ganges,
There I know the most beautiful place.
There is a red-blooming garden
In the silent light of the moon;—
The lotus flowers are waiting
For their little sister dear.
The violets giggle and caress
And look up at the stars;
Secretly the roses whisper
Fragrant fairy tales among themselves.
There leap towards us and listen
The pious, clever gazelles;—
And in the distance are rushing
The waves of the holy stream.
There we will sit and rest
Under the palm tree
And drink love and peace
And dream a blissful dream.

8

Intermezzo — Schumann
Dein Bildnis wunderselig
Hab' ich im Herzensgrund,
Das sieht so frisch und fröhlich
Mich an zu jeder Stund'.
Mein Herz still in sich singet
Ein altes, schönes Lied,
Das in die Luft sich schwinget
Und zu dir eilig zieht.

Intermezzo*
Your wondrous sweet image
Possesses my heart,
It appears so fresh and gay
To me at all times.
Inside my heart is singing
A lovely old song,
Which up through the air is winging
A path quickly to you.

Lied der Braut — Schumann
Lass mich ihm am Busen hangen,
Mutter, Mutter! lass das Bangen.
Frage nicht: wie soll sich's wenden?
Frage nicht: wie soll das enden?
Enden? Enden soll sich's nie,
Wenden? noch nicht weiss ich, wie!
Lass mich ihm am Busen hangen, lass mich!

Song of the betrothed*
Let me lean upon his bosom,
Mother, Mother! do not fear.
Don't ask me: how will it be?
Don't ask me: how will it end?
End? It will never end,
The outcome? Now I can't tell!
Let me lean upon his bosom, let me!

Ich grolle nicht — Schumann
Ich grolle nicht, und wenn das Herz auch
bricht,
Ewig verlor'nes Lieb, ich grolle nicht.
Wie du auch strahlst in Diamantenpracht,
Es fällt kein Strahl in deines Herzens Nacht,
Das weiss ich längst.
Ich grolle nicht, und wenn das Herz auch
bricht,
Ich sah dich ja im Traume,
Und sah die Nacht in deines Herzens Raume,
Und sah die Schlang', die dir am Herzen
frisst,
Ich sah mein Lieb, wie sehr du elend bist.
Ich grolle nicht, ich grolle nicht.

I never complain*
I never complain, even though my heart is
breaking,
My love, forever lost, I never complain.
How ever you shine in diamond's light,
There falls no ray into your heart's deep night,
I've known it for long.
I never complain, even though my heart is
breaking,
I saw you in my dream,
And saw your heart's dark night,
And saw the serpent gnawing at your heart,

I saw my love how wretched you are.
I never complain, I never complain.

Die Soldatenbraut — Schumann
Ach, wenn's nur der König auch wüsst',
Wie wacker mein Schätzelein ist!
Für den König da liess' er sein Blut,
Für mich aber ebenso gut.
Mein Schatz hat kein Band und kein' Stern,
Kein Kreuz, wie die .vornehmen Herrn,
Mein Schatz wird auch kein General:
Hätt' er nur seinen Abschied einmal!
Es scheinen drei Sterne so hell
Dort über Marienkapell';
Da knüpft uns ein rosenrot Band,

Und ein Hauskreuz ist auch bei der Hand.

The soldier's sweetheart*
I bet if the king only knew,
How brave my soldier boy is!
He'd give his blood for the king,
But for me he'd do just as well.
My love has no ribbons, no stars,
No medals which officers wear,
My love won't become a general:
How nice when he gets his discharge!
Three stars sparkle so bright
Just over St. Mary's chapel;
There we will be tied by a rose red wedding
band,
Just before the trouble begins.

*ENGLISH TRANSLATION BY KURT BREUER

Aus meinen grossen Schmerzen — Franz

Aus meinen grossen Schmerzen
Mach' ich die kleinen Lieder,
Die heben ihr klingend Gefieder
Und flattern nach ihrem Herzen.
Sie fanden den Weg zur Trauten,
Doch kommen sie wieder und klagen,
Und klagen, und wollen nicht sagen,
Was sie im Herzen schauten.

Out of my great sorrows

Out of my great sorrows
I make the little songs,
They lift their ringing pinions
And flutter to her heart.
They found the way to the dear one,
But they come back and lament,
And lament, and will not tell,
What they beheld in her heart.

Immer leiser wird mein Schlummer - Brahms

Immer leiser wird mein Schlummer,
Nur wie Schleier liegt mein Kummer
Zitternd über mir,
Oft im Traume hör' ich dich rufen
Draus' vor meiner Tür,
Niemand wacht und öffnet dir,
Ich erwach' und weine bitterlich.
Ja, ich werde sterben müssen,
Eine Andre wirst du küssen,
Wenn ich bleich und kalt.
Eh' die Maienlüfte weh'n,
Eh' die Drossel singt im Wald:
Willst du mich noch einmal seh'n,
Komm', o komme bald.

Softly, so softly becomes my sleep*

Softly, so softly becomes my sleep,
A heavy veil of sorrows
Crept over me,
Within my dreams, I hear your voice
Crying outside my door,
No one wakes to let you in,
But I awaken and weep bitterly.
While I shall have to die,
You will kiss another maiden,
When I am pale and cold.
Before the spring winds breathe new life,
Before the birds are jubilant again:
If you want to see me once again,
Come, oh come soon.

Sonntag — Brahms

So hab' ich doch die ganze Woche
Mein feines Liebchen nicht geseh'n,
Ich sah es an einem Sonntag
Wohl vor der Türe steh'n:
Das tausendschöne Jungfräulein,
Das tausendschöne Herzelein,
Wollte Gott, wollte Gott, ich wär' heute bei ihr!
So will mir doch die ganze Woche
Das Lachen nicht vergeh'n,
Ich sah es an einem Sonntag
Wohl in die Kirche geh'n:
Das tausenschöne Jungfräulein,
Das tausenschöne Herzelein,
Wollte Gott, wollte Gott, ich wär' heute bei ihr!

Sunday*

Through this whole week
I didn't see my fine sweetheart,
On Sunday I saw her
Standing before her doorway:
You beautiful, beautiful maiden,
You beautiful, beautiful heart,
Would Lord if I could be with her today!
All week long
I would be gay,
I saw her on a Sunday
Going to church:
My beautiful, beautiful maiden,
My beautiful, beautiful heart,
Would Lord, if I could be with her today!

Mädchenlied — Brahms

Auf die Nacht in der Spinnstub'n
Da singen die Mädchen,
Da lachen die Dorfbub'n.
Wie flink geh'n die Rädchen!
Spinnt Jedes am Brautschatz,
Dass der Liebste sich freut.
Nicht lange, so gibt es
Ein Hochzeitgeläut.
Kein Mensch, der mir gut ist,
Will nach mir fragen;
Wie bang mir zu Mut ist,
Wem soll ich's klagen?
Die Tränen rinnen mir übers Gesicht—
Wofür soll ich spinnen? Ich weiss es nicht!

Song of a maiden*

At sunset when the spinning starts
How the girls sing,
How the village boys laugh.
And the spinning wheels turn fast!
Each one works on her dowry,
To make her lover happy.
It won't be long
Before wedding bells ring.
For me there is no one
Who will care.
But how I am longing,
To whom may I tell?
The tears run down my face —
For whom may I spin? I really don't know.

*ENGLISH TRANSLATION BY KURT BREUER

Page 83

Mein Mädel hat einen Rosenmund - Brahms

Mein Mädel hat einen Rosenmund,
Und wer ihn küsst, der wird gesund;
O du! o du! o du!
O du schwarzbraunes Mägdelein
Du la la la la la! du la la la la la!
Du lässt mir keine Ruh!
Die Wangen sind wie Morgenröt,
Wie sie steht überm Winterschnee;
O du! o du! o du! etc.
Dein Augen sind wie die Nacht so schwarz,
Wenn nur zwei Sternlein funkeln drin;
O du! o du! o du! etc.
Du Mädel bist wie der Himmel gut,
Wenn er über uns blau sich wölben tut;
O du! o du! o du! etc.

My sweetheart's lips are like two roses

My sweetheart's lips are like two roses,
And whoever kisses them, is made well;
Oh you! oh you! oh you!
Oh you dark brown little maid
You la la la la la! you la la la la la!
You let me find no peace!
Her cheeks are like the red of dawn,
As it shines over winter's snow;
Oh you! oh you! oh you! etc.
Your eyes are like the night so dark,
When only two stars sparkle there;
Oh you! oh you! oh you! etc.
You maiden are like the heaven good,
When it arches above us azure blue;
Oh you! oh you! oh you! etc.

Page 84

Das verlassene Mägdlein — Wolf

Früh, wann die Hähne krähn,
Eh die Sternlein schwinden,
Muss ich am Herde stehn,
Muss Feuer zünden.
Schön ist der Flammen Schein,
Es springen die Funken;
Ich schaue so darein,
In Leid versunken.
Plötzlich, da kommt es mir,
Treuloser Knabe,
Dass ich die Nacht von dir
Geträumet habe.
Träne auf Träne dann
Stürzet hernieder;
So kommt der Tag heran—
O ging er wieder!

The forsaken maiden

Early, when the cocks crow,
Ere the stars fade,
I must stand by the hearth,
Must kindle the fire.
Beautiful is the flames' light,
The sparks are flying;
I just gaze at them,
Steeped in sorrow.
Suddenly, it comes to me,
Unfaithful boy,
That I have dreamed of you
During the night.
Tear after tear then
Rushes from my eyes;
Thus comes the day along—
Oh would it go again!

Page 86

Der Gärtner —Wolf

Auf ihrem Leibrösslein, so weiss wie der
*   Schnee,*
Die schönste Prinzessin reit't durch die Allee.
Der Weg, den das Rösslein hintanzet so hold,
Der Sand, den ich streute, er blinket wie Gold!
Du rosenfarb's Hütlein wohl auf und wohl ab,

O wirf eine Feder verstohlen herab!
Und willst du dagegen eine Blüte von mir,
Nimm tausend für eine, nimm alle dafür!

The gardener

On her own little horse, as white as the snow,

The fairest princess rides on the parkway.
The road, that the horse prances gaily along,
The sand, that I scattered, it shines like gold!
You little rose colored bonnet, bobbing up
    and down,
Oh shed a feather quite on the sly!
And if you wish to trade a blossom with me,
Take a thousand for one, take them all in
    return!

Nun wandre, Maria — Wolf
Nun wandre, Maria, nun wandre nur fort.
Schon krähen die Hähne und nah ist der Ort.
Nun wandre, Geliebte, du Kleinod mein,
Und balde wir werden in Bethlehem sein.
Dann ruhest du fein und schlummerst dort.
Schon krähen die Hähne und nah ist der Ort.
Wohl seh ich, Herrin, die Kraft dir schwinden;
Kann deine Schmerzen, ach, kaum verwinden.
Getrost! wohl finden wir Herberg dort;
Schon krähen die Hähne and nah ist der Ort.
Wär erst bestanden dein Stündlein, Marie,
Die gute Botschaft gut lohnt ich sie.
Das Eselein hie gäb ich drum fort!
Schon krähen die Hähne, komm! nah ist der
  Ort.

Now keep walking, Maria
Now keep walking, Maria, keep walking on.
The cocks crow already and the place is near.
Now walk, beloved, you jewel of mine,
And soon we shall be in Bethlehem.
There you shall rest nicely and slumber there.
The cocks crow already and the place is near.
I see, Mistress, your strength is failing;
Your pains I can hardly bear any more.
Take courage! we shall find shelter there;
The cocks crow already and the place is near.
Oh if only your ordeal were over, Mary,
The good tidings I would reward well.
This little donkey I would give in exchange!
The cocks crow already, come!
  the place is near.

Auf ein altes Bild — Wolf
In grüner Landschaft Sommerflor,
Bei kühlem Wasser, Schilf und Rohr,
Schau, wie das Knäblein sündelos,
Frei spielet auf der Jungfrau Schoss!
Und dort im Walde wonnesam,
Ach, grünet schon des Kreuzes Stamm!

To an old picture
In a green landscape summer's bloom,
By the cool water, rush and reeds,
See, how the little boy without sin,
Plays freely on the Virgin's lap!
And in the woods there blissfully,
Oh, verdant already is the Cross' stem!

Liebst du um Schönheit — Mahler
Liebst du um Schönheit, o nicht mich liebe!
Liebe die Sonne, sie trägt ein gold'nes Haar!
Liebst du um Jugend, o nicht mich liebe!
Liebe den Frühling, der jung ist jedes Jahr!
Liebst du um Schätze, o nicht mich liebe!
Liebe die Meerfrau, sie hat viel Perlen klar!

Liebst du um Liebe, o ja, mich liebe!
Liebe mich immer, dich lieb' ich immer,
  immerdar!

If you love for beauty*
If you love for beauty, oh love me not!
Love the sun with her halo so gold!
If you love youth, oh love me not!
Love spring instead, young every year!
If you love gems, oh love me not!
Love the lady of the sea with her many shim-
  mering pearls!
If you love for love, oh then, love me!
Love me always, for everlasting love, for ever
  more!

Zueignung — Strauss
Ja, du weisst es, teure Seele,
Dass ich fern von dir mich quäle,
Liebe macht die Herzen krank,
Habe Dank!
Einst hielt ich, der Freiheit Zecher,
Hoch den Amethystenbecher,
Und du segnetest den Trank,
Habe Dank!
Und beschworst darin die Bösen,
Bis ich, was ich nie gewesen,
Heilig, heilig, an's Herz dir sank,
Habe Dank!

Dedication
Yes, you know it, beloved soul,
That far from you I torment myself,
Love makes the heart sick,
Be thankful!
Once I, liberty's imbiber, held
High the amethyst cup,
And you blessed the potion,
Be thankful!
And you exorcised therein the evil ones,
'Till I, what I had never been,
Holy, holy, sank on your heart,
Be thankful!

*ENGLISH TRANSLATION BY KURT BREUER

L'Absence — Berlioz

Reviens, reviens, ma bien-aimée!
Comme une fleur loin du soleil,
La fleur de ma vie est fermée
Loin de ton sourire vermeil.
Entre nos coeurs quelle distance!
Tant d'espace entre nos baisers!
O sort amer, ô dure absence!
O grands désirs inapaisés!
Reviens, reviens, ma bien-aimée!
Comme une fleur loin du soleil,
La fleur de ma vie est fermée
Loin de ton sourire vermeil.
D'ici là-bas que de campagnes,

Que de villes et de hameaux,
Que de vallons et de montagnes,
A lasser le pied des chevaux!
Reviens, reviens, ma bien-aimée!
Comme une fleur loin du soleil,
La fleur de ma vie est fermée
Loin de ton sourire vermeil.

Absence*

Come back, come back, my beloved!
As a flower away from the sun,
The flower of my life is closed
Away from your rosy smile.
Between our hearts what distance!
So much space between our kisses!
Oh bitter destiny, oh harsh absence!
Oh great desires unfulfilled!
Come back, come back, my beloved!
As a flower away from the sun,
The flower of my life is closed
Away from your rosy smile.
From here to where you are, there are so many
    fields,
So many towns and villages,
So many valleys and mountains,
It would tire the hooves of horses!
Come back, come back, my beloved!
As a flower away from the sun,
The flower of my life is closed
Away from your rosy smile.

Bonjour, Suzon! — Delibes

Bonjour, Suzon, ma fleur des bois!
Es-tu toujours la plus jolie?
Je reviens tel que tu me vois,
D'un grand voyage en Italie.
Du paradis j'ai fait le tour,
J'ai fait des vers, j'ai fait l'amour.
Mais que t'importe?
Je passe devant ta maison,
Ouvre ta porte!
Bonjour, Suzon!
Je t'ai vue au temps des lilas,
Ton coeur joyeux venait d'éclore,
Et tu disais, je ne veux pas,
Je ne veux pas qu'on m'aime encore.
Qu'as-tu fait depuis mon départ?
Qui part trop tôt revient trop tard!
Mais que m'importe?
Je passe devant ta maison;
Ouvre ta porte!
Bonjour, Suzon!

Good-day, Susanne

Good-day, Susanne, my flower of the woods!
Are you always the prettiest?
I come back as you see me,
From a grand journey in Italy.
I travelled all over paradise,
I have made poems, I have made love.
But what is that to you?
I am passing by your house,
Open your door!
Good-day, Susanne!
I have seen you at lilac time,
Your joyful heart had just unfolded,
And you said then, I do not want,
I do not want to be loved again.
What have you done since my departure?
Who leaves too soon, returns too late!
But what is that to me?
I am passing by your house;
Open your door!
Good-day, Susanne!

Ouvre ton coeur — Bizet

La marguerite a fermé sa corolle,
L'ombre a fermé les yeux du jour.
Belle, me tiendras-tu parole?
La marguerite a fermé sa corolle.
Ouvre ton coeur à mon amour.
Ouvre ton coeur,
O jeune ange, à ma flamme,
Qu'un rêve charme ton sommeil,
Ouvre ton coeur,
Je veux reprendre mon âme,
Ouvre ton coeur,
O, jeune ange, à ma flamme,
Comme une fleur s'ouvre au soleil!

Open thy heart*

The daisy has closed its crown,
The shadow has closed the eyes of the day,
My charmer, will you your promise keep?
The daisy has closed its crown.
Open thy heart to my love.
Open thy heart,
Oh young angel, to my flame,
As a dream charms your sleep,
Open thy heart,
I wish to recover my soul,
Open thy heart,
Oh, young angel, to my flame,
As a flower to the sun unfolds!

*ENGLISH TRANSLATION BY LILIEN JACOBS

Après un Rêve — Fauré

Dans un sommeil que charmait ton image,
Je rêvais le bonheur ... ardent mirage;
Tes yeux étaient plus doux, ta voix pure et
*   sonore,*
Tu rayonnais comme un ciel éclairé par
*   l'aurore;*
Tu m'appelais et je quittais la terre
Pour m'enfuir avec toi vers la lumière;
Les cieux pour nous entr'ouvraient leurs nues,
Splendeurs inconnues, lueurs divines entrevues.

Hélas! triste réveil des songes,
Je t'appelle, ô nuit, rends-moi tes mensonges,
Reviens, reviens radieuse, reviens, ô nuit
*   mystérieuse!*

After a dream
In a sleep charmed by your image,
I dreamed of happiness . . . glowing mirage;
Your eyes were gentler, your voice clear and
    strong,
You shone like a sky lighted by dawn;

You called me, and I left the earth
To flee with you towards the light;
The heavens opened for us their clouds,
Splendours unknown, divine brilliance
    glimpsed.
Alas! sad wakening from dreams,
I call you, oh night, give me back your lies,
Return in radiance, return oh mysterious night!

Extase — Duparc

Sur un lys pâle mon coeur dort
D'un sommeil doux comme la mort . . .
Mort exquise, mort parfumée
Du souffle de la bien-aimée . . .
Sur ton sein pâle mon coeur dort
D'un sommeil doux comme la mort . . .

Ecstasy*
My heart sleeps upon a pale lily
In a sleep as gentle as death....
Death exquisite, death perfumed
From the breath of my loved one....
My heart sleeps on your pale bosom
In a sleep as gentle as death....

Le temps des lilas — Chausson

Le temps des lilas et le temps des roses
Ne reviendra plus à ce printemps-ci;
Le temps des lilas et le temps des roses
Est passé-le temps des oeillets aussi.
Le vent a changé, les cieux sont moroses,
Et nous n'irons plus courir, et cueillir
Les lilas en fleur et les belles roses;
Le printemps est triste et ne peut fleurir.
Oh! joyeux et doux printemps de l'année,
Qui vins, l'an passé, nous ensoleiller,
Notre fleur d'amour est si bien fanée,
Las! que ton baiser ne peut l'éveiller!
Et toi, que fais-tu? pas de fleurs écloses,

Point de gai soleil ni d'ombrages frais;
Le temps des lilas et le temps des roses
Avec notre amour est mort à jamais.

The time of lilacs
The time of lilacs and the time of roses
Will not return again this spring;
The time of lilacs and the time of roses
Is passed — the time of carnations, too.
The wind has changed, the skies are sombre,
And we run no more to gather
The blooming lilacs and the lovely roses;
The spring is sad and cannot blossom.
Oh joyful and sweet spring of yester-year,
Which shed its sunlight upon us,
Our flower of love has sadly faded,
Alas, your kiss cannot awaken it again!
And you, what are you doing? No more un-
    folding flowers,
No more gay sun, nor cooling shades;
The time of lilacs and the time of roses
With our love has died forevermore.

*ENGLISH TRANSLATION BY LILIEN JACOBS

14

L'heureux Vagabond — Bruneau

Je m'en vais par les chemins, lirelin, et la plaine,
Dans mon sac j'ai du pain blanc, lirelan,

Et trois écus dans ma poche;
J'ai dans mon coeur fleuri, (chante, rossignol,
    chante si je ris!)
J'ai dans mon coeur joli, lireli, ma mie!
Un pauvre sur le chemin, lirelin, un pauvre
    homme,
M'a demandé mon pain blanc, lirelan,
"Pauvre, prends toute la miche!
J'ai dans mon coeur fleuri, (chante, rossignol,
    chante si je ris!)
J'ai dans mon coeur joli, lireli, ma mie!"
Un voleur sur le chemin, lirelin,
Dans ma poche m'a volé mes trois écus, lirelu.
"Voleur, prends la poche aussi!
J'ai dans mon coeur fleuri, (chante, rossignol,
    chante si je ris!)
J'ai dans mon coeur joli, lireli, ma mie!"
Je m'en vais mourir de faim, lirelin, dans la
    plaine.
Plus de pain blanc ni d'écus, lirelu.
Mais qu'importe si, toujours,
J'ai dans mon coeur pleurant, (chante, rossignol,
    chante en soupirant!)
J'ai dans mon coeur mourant, lirelan, ma mie!

The happy Vagabond*

I am off to the highways, lirelan, and the plain,
In my knapsack I have some white bread,
    lirelan,
And three crowns in my pocket;
I have in my blossoming heart, (sing nightin-
    gale, sing as I laugh!)
I have in my pretty heart, lireli, my darling!
A beggar on the way, lirelin, poor fellow,

Asked me for my white bread, lirelan,
"Poor one, take the whole loaf!
I have in my blossoming heart, (sing, nightin-
    gale, sing as I laugh!)
I have in my pretty heart, lireli, my darling!"
A thief on the way, Lirelin,
Stole the three crowns from my pocket, lirelu.
"Thief, take the pocket, too!
I have in my blossoming heart, (sing, nightin-
    gale, sing as I laugh!)
I have in my pretty heart, lireli, my darling!"
I am dying of hunger, lirelin, on the plain.

Gone my white bread and crowns, lirelu.
But what does it matter if, always,
In my tearful heart, (sing nightingale, sing
    with a sigh!)
In my dying heart, I have, lirelan, my darling!

Beau Soir — Debussy

Lorsque au soleil couchant les rivières sont
    roses,
Et qu'un tiède frisson court sur les champs de
    blé,
Un conseil d'être heureux semble sortir des
    choses
Et monter vers le coeur troublé.
Un conseil de goûter le charme d' être au
    monde
Cependant qu'on est jeune et que le soir est
    beau,
Car nous nous en allons,
Comme s'en va cette onde;
Elle à la mer,
Nous au tombeau.

Beautiful evening*

When at sunset, the rivers are rose-red,

And when a warm ripple flows across the fields
    of wheat,
A counsel to be glad streams forth from all
    things
And rises toward the troubled heart.
A suggestion to taste the delight of existing in
    the world
While one is still young and the evening is
    beautiful,
For we all must go,
As goes the wave;
It to the sea,
We to the tomb.

El tra la la y el punteado — Granados

Es en balde, majo mío,
Que sigas hablando,
Porque hay cosas que contesto
Yo siempre cantando.
Por mas que preguntes tanto,
En mi no causas quebranto,
Ni yo he de salir de mi canto.

The tra la la and the guitar-strum

It is in vain, my lad,
That you continue speaking,
Because there are things that I question
I always go on singing.
The more you question,
In me you don't inspire ardor,
I need not even leave off my singing.

*ENGLISH TRANSLATION BY LILIEN JACOBS

Page 130

Mandoline — Debussy

Les donneurs de sérénades
Et les belles écouteuses
Echangent des propos fades
Sous les ramures chanteuses.
C'est Tircis et c'est Aminte,
Et c'est l'éternel Clitandre,
Et c'est Damis qui pour mainte
Cruelle fait maint vers tendre.
·Leurs courtes vestes de soie,
Leurs longues robes à queues,
Leur élégance, leur joie
Et leurs molles ombres bleues,
Tourbillonnent dans l'extase
D'une lune rose et grise,
Et la mandoline jase
Parmi les frissons de brise.
La, la, la, la, la. . . .

Mandoline*

The serenaders
And the beautiful listeners
Exchange idle chatter
Under the singing branches.
It is Tircis and it is Aminta,
And it is the eternal Clitander,
And it is Damis who for many a cruel maiden
Fashions many a tender couplet.
Their short jackets of silk,
Their long-trained robes,
Their elegance, their mirth
And their blue-soft shadows,
Whirling in the ecstasy
Of a moon rose and gray,
And the mandoline prattles
Among the currents of the breeze.
La, la, la, la, la . . . . .

Page 151

Nebbie — Respighi

Soffro.
Lontan lontano
Le nebbie sonnolente
Salgono dal tacente
Piano.
Alto gracchiando, i corvi,
Fidati all'ali nere,
Traversan le brughiere
Torvi.
Dell'aere ai morsi crudi
Gli addolorati troncchi
Offron pregando, i bronchi nudi.
Come ho freddo!
Son sola;
Pel grigio ciel sospinto
Un gemito d'estinto
Vola;
E mi ripete:
Vieni,
E buia la vallata.
O triste, o disamate,
Vieni!
Vieni!

Mists

I suffer.
Far, far away
The sleepy mists
Arise from the silence
Softly.
Loudly croaking the ravens
Trusting their black wings
Traverse the heath
Fiercely.
From the air to the raw storm
The sorrowful trees offer,
Praying, their nude branches.
How cold I am!
I am alone;
From the gray overhanging sky
A dead sigh
Flies;
And repeats to me:
Come,
Dark is the valley.
Oh sad, oh unloved one,
Come!
Come!

*ENGLISH TRANSLATION BY LILIEN JACOBS

Con amores, la mi madre

JUAN DE ANCHIETA
XV century song; bass realization
by Fernando J. Obradors

Andante mosso

Con a - mo - res, la mi ma - dre,_

_ con a - mo-res me dor - mi;_____ A - si - dor - mi - da so -

na-ba_____ lo queel co - ra - zon ve - la - ba,_____ queel a - mor

me con-so - la-ba_____ con mas bien que me - re - ci._____

A-dor-me-cio me el fa - vor_____ que a-mor me dio con a - mor;_____

Dio des-can-so a mi do - lor._____ La fe con que le ser - vi_____

Con a-mo-res, la mi ma - dre,___ Con a-mo-res me dor-mi!_____

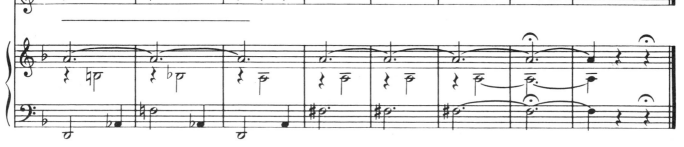

O Jesulein süss, o Jesulein mild

from Tabulatura Nova*
(Görlitzer Tabulaturbuch)

Moderato

O Je - su-lein süss, o Je - su-lein mild, Deins

Va - ters Willn hast du er - füllt, Bist kom - men

aus dem Him - mel - reich, Uns ar - men Men - schen wor - den

gleich. O Je - su - lein süss, o Je - su - lein mild.

* Compiled by S. Scheidt about 1650

Flora gave me fairest flowers

JOHN WILBYE

bow - ers;   She was pleased, she was pleased, she was

pleased, and she's my pleas - ure,   She was pleased, she was

pleased, she was pleased, and she's my   pleas - ure.   Smil - ing mead - ows

seem to say "Come, ye wan - tons, here to play,"   Smil - ing

mead - ows seem to say, "Come, ye wan-tons, here to play, come

here to play, Come, ye wan-tons, here to play, to play, Come ye wan-tons, here to

play, Come, ye wan-tons, here to play, Come, ye wan-tons, here to play, to play, Come, ye

wan-tons, here to play, to play, Come, come, ye wan-tons, here to play."

Dear, do not your fair beauty wrong

ROBERT JOHNSON

Moderato

Dear, do not your fair beau - ty wrong In think-ing

still you are_ too_ young: The rose and lil-ly in your cheek

Flour-ish and no more_ rip'n - ing seek.___ En-flam - ing beams shot from your

eye Do show Love's mid - sum - mer is nigh. Your cher-ry lip,

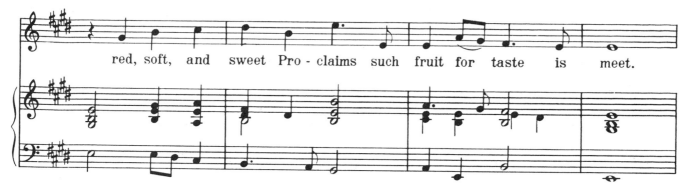

red, soft, and sweet Pro-claims such fruit for taste is meet.

Love is still young a buck-some boy, And young-lings are al-low'd___

___ to__ toy: Then lose no time, for love hath wings And

flies a-way, and flies a-way, and flies a-way__ from__ a - ged things.

Man is for the woman made

Henry Purcell

Man, man, man is for the wo - man made

made, And the wo - man for the man.

As the
As the
Be she

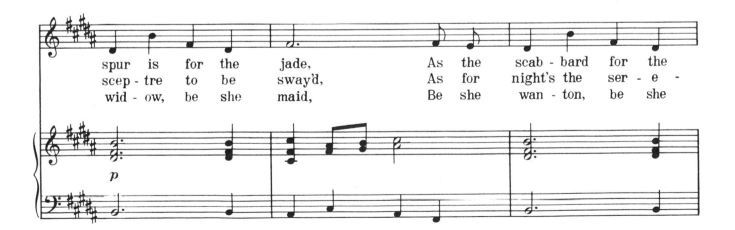

spur is for the jade,
scep - tre to be sway'd,
wid - ow, be she maid,

As the scab - bard for the
As for night's the ser - e -
Be she wan - ton, be she

My days have been so won'drous free
(PARNELL)

FRANCIS HOPKINSON*

Allegretto grazioso

My days have been so__ won' - drous free, the__ lit - tle__ birds__ that fly with care - less ease from tree to tree, were but as__ blest as__ I, were but __ as blest as I! Ask__

*One of the signers of the Declaration of Independence

glid-ing wa - ters if___ a tear of__ mine in - creas'd their stream, and

ask the breath-ing gales if__ e'er I__ lent__ a sigh to them_____

I__ lent____ a__ sigh to them!

Air de Philis*

(MOLIÈRE)

JEAN BAPTISTE LULLY

Ré- pands, char-man-te Nuit, ré-pands sur tous les yeux De tes pa-

vots la dou-ce vi-o-len - ce, Et-ne lais - se veil-ler dans ces ai-mab-les

lieux Que les coeurs que l'A mour sou - met à sa puis-san - - ce.

*From "Le Carnaval"

ce. Tes om - bres et ton si - len - ce, Plus beaux que le

plus beau jour, Of - frent de doux mo - ments a sou - pi - rer à

sou - pi - rer d'a - mour, Of - frent de doux mo - ments à sou - pi -

rer, à sou - pi - rer d'a - mour. Tes mour.

30

O cessate di piagarmi

Moderato

ALESSANDRO SCARLATTI

1. O ces - sa - te di pia - gar - mi, o la - scia - te - mi mo - rir, o la - scia - te - mi mo - rir! Lu - c'in - gra - te, di - spie - ta - te, lu - c'in - gra - te, di - spie - ta - te, più del ge - lo e
2. Più d'un an - gue, più d'un a - spe, cru - de e sor - de ai miei so - spir, cru - de e sor - de ai miei so - spir! Oc - chi al - te - ri, voi po - te - te, oc - chi al - te - ri, voi po - te - te, voi po - te - te

più dei mar - mi, fred - de e sor - de ai miei mar - tir,
ri - sa - nar - mi, e go - de - te al mio lan - guir,

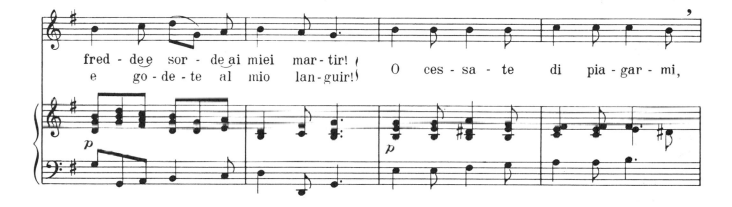

fred - de e sor - de ai miei mar - tir! }
e go - de - te al mio lan - guir! }   O ces - sa - te di pia - gar - mi,

o la - scia - te - mi mo - rir,   o la - scia - te - mi mo - rir!

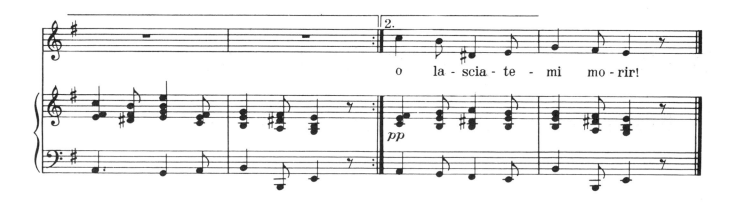

o la - scia - te - mi mo - rir!

Vergin, tutto amor

Moderato

FRANCESCO DURANTE

Ver - gin, tut - to a - mor, o ma-dre di bon - ta - de, o ma-dre pi - a, ma-dre

pi - a, a-scol -ta, dol-ce Ma - ri - a, la__ vo-ce del pec-ca - tor,__ del__ pec - ca -

tor.

Il pian - to suo ti muo-va, giun-ga-no a te__ i suoi la-

men - ti, suo duol, suoi tris - ti ac - cen - ti, sen - ti pie -to - so quel__ tuo

cor, pie-to - so, pie-to - so, pie-to - so quel tuo cor. quel tuo

cor. O ma-dre di _ bon - ta - de, Ver - gin, tut - to a - mor, o ma-dre di _ bon -

ta - de, o Ver - gin, tut - to a - mo - re, Ver - gin, tut - to a - mor, _____

_____ a - mor.

Nina

Andante

Attributed to Giovanni Battista Pergolesi*

Tre_ gior - ni son che Ni - na, che Ni - na, che Ni - na in let - to se ne sta_____ in___ let - to___ se ne sta. Tre_ sta. Pif - fe - ri, tim - pa - ni, cem - ba - li, sve - glia - te mia Ni -

*Composed by Legrenza Vincenco Ciompi (1719 - ?)

net - ta, sve - glia - te mia Ni - net - ta, ac - ciò non dor - ma

più,_____ ac - ciò_ non_ dor - ma più, sve - glia-te_ mia_ Ni -

net - ta, sve - glia-te_ mia_ Ni - net - ta, ac - ciò non_ dor - ma_

più, ac - ciò non dor - - - ma più.

Caro mio ben

Giuseppe Giordani*

Moderato

Ca - ro mio ben, cre - di - mi al - men, sen - za di te lan - gui - sce il cor, __ ca - ro mio ben, sen - za di te __ lan - gui - sce il cor. Il tuo fe - del so - spi - ra o - gnor. Ces - sa, cru - del, __ tan -

*Known as Giordanello

to ri - gor, ces - sa, cru-del, tan - to ri - gor,___ tan - to ri-gor!

Ca - ro mio ben, cre - di - mi al-men, sen - za di te___ lan - gui - sce il cor,

ca - ro mio ben, cre - di - mi al-men, sen - za di te_____ lan -

gui - sce il cor.

Bist du bei mir*

Johann Sebastian Bach

Andante

Bist du bei mir, geh ich mit Freu - den zum Ster - ben

und zu mei - ner Ruh, zum Ster-ben und zu mei - ner Ruh.

Bist du bei mir, geh ich mit Freu - den zum Ster - ben

und zu mei - ner Ruh, zum Ster-ben und zu mei - ner Ruh.

Fine

* From The Notebook For Anna Magdalena Bach

Ach, wie ver - gnügt wär so mein En - de, es drück - ten

dei - ne schö - nen Hän - de mir die ge-treu-en Au - gen zu.

Ach, wie ver - gnügt wär so mein En - de, es drück - ten

dei - ne schö - nen Hän - de mir die ge-treu-en Au - gen zu.

da Capo ℅ al Segno

A pastoral song
(English poet unknown)

Joseph Haydn

My moth - er bids me
'Tis sad— to think the

bind_ my hair with bands_ of ro - sy hue,   tie
days_ are gone, when those__ we_ love were near,   I

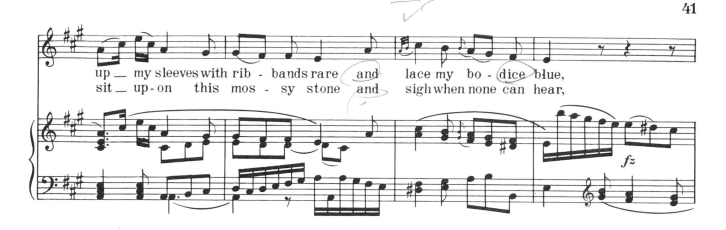

up ___ my sleeves with rib - bands rare and lace my bo - dice blue,
sit ___ up-on this mos - sy stone and sigh when none can hear,

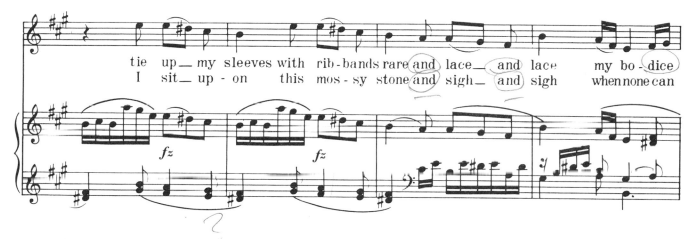

tie up ___ my sleeves with rib - bands rare and lace ___ and lace my bo - dice
I sit ___ up - on this mos - sy stone and sigh ___ and sigh when none can

blue! ·
hear.

For why, she cries, sit
And while I spin my

still and weep, while o - thers dance and play?
fla - xen thread and sing my sim - ple lay,

Covent

A - las! I scarce can go or creep: while Lu - bin is a-
the vil - lage seems a - sleep or dead: now Lu - bin is a-

way, a - las! I scarce can go or creep: while
way, the vil - lage seems a - sleep or dead: now

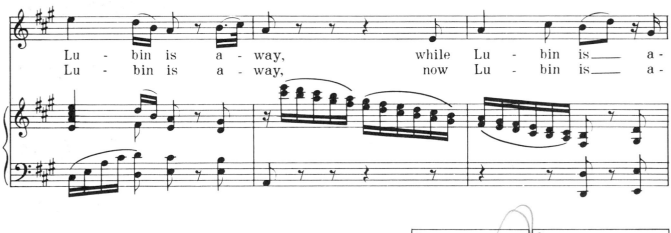

Lu - bin is a - way, while Lu - bin is a-
Lu - bin is a - way, now Lu - bin is a-

way, is a - way, is a - way.
way, is a - way, is a - way.

Sehnsucht nach dem Frühling

(OVERBECK)

WOLFGANG A. MOZART

Fröhlich (Gay)

Komm, lie - ber Mai, und ma - che die Bäu - me wie - der grün, und
Ach wenn's doch erst ge - lin - der und grü - ner draus-sen wär! Komm,

lass mir an dem Ba - che die klei - nen Veil chen blühn! Wie möcht ich doch so
lie - ber Mai, wir Kin - der wir bit - ten dich gar sehr! O komm und bring vor

ger - ne ein Veil-chen wie - der - sehn, ach, lie - ber Mai, wie ger - ne ein-
al - lem uns vie - le Veil-chen mit, bring auch viel Nach-ti - gal - len und

mal spa - zie - ren gehn!
schö - ne Kuk-kucks mit!

Die Ehre Gottes aus der Natur

(Gellert)

Ludwig van Beethoven

Him-mel un-zähl-ba-re Ster - ne? Wer führt die

Sonn' aus ih - rem Zelt? Sie kommt und leuch - tet und

lacht uns von fer - ne, und läuft den Weg gleich als ein

Held, und läuft den Weg, gleich als ein Held.

Frühlingsglaube

(UHLAND)

FRANZ SCHUBERT

Ziemlich langsam *(rather slowly)*

Die lin - den Lüf - te sind er - wacht, sie

säu - seln und we - ben Tag und Nacht, sie schaf - fen an al - len

En - den, an al - len En - den. O

frei - scher __ Duft, o neu - er Klang, o

neu - er Klang! Nun, ar - mes Her - ze, sei nicht bang!

Nun muss sich al - les, al - les wen - den, nun muss sich al - les,

al - les wen - den.

Die Welt__ wird schö - ner mit

je - dem __ Tag, man weiss nicht, was __ noch wer - den __ mag, das

Blü - hen will nicht en - - den, __ es __ will nicht en - -

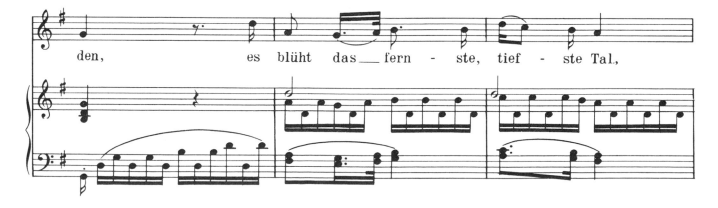

den, es blüht das __ fern - ste, tief - ste Tal,

es blüht das tief - ste Tal: Nun, ar - mes Herz, ver -

giss der Qual! Nun muss sich al - les, al - - les wen - den,

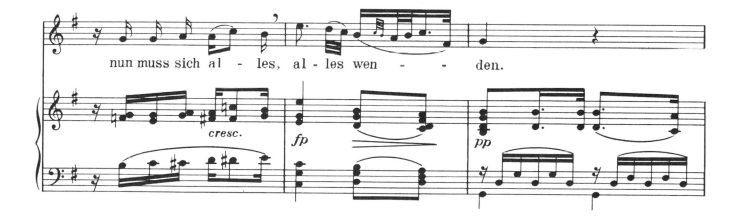

nun muss sich al - les, al - les wen - - den.

Morgengruss*

(Müller)

Franz Schubert

Mässig (moderately)

Gu - ten Mor - gen, schö - ne Mül - le - rin! wo steckst du gleich das_
O lass mich nur von fer - ne_ stehn, nach dei - nem lie - ben_

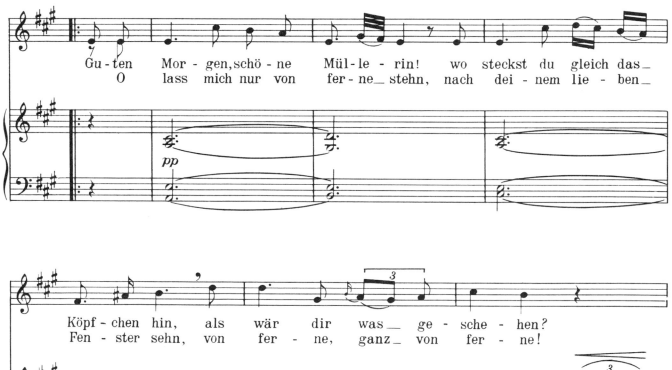

Köpf - chen hin, als wär dir was_ ge - sche - hen?
Fen - ster sehn, von fer - ne, ganz_ von fer - ne!

* From "Die schöne Müllerin"

Ver - driesst dich denn mein Gruss so schwer? ver -
Du blon - - des Köpf - chen, komm her - vor! her -

stört dich denn mein Blick so sehr? So muss ich wie - der
vor aus eu - rem run - den Tor, ihr blau - - en Mor - gen-

ge - hen, so muss ich wie - der ge - hen, wie - der
ster - ne, ihr blau - - en Mor - gen - ster - ne, ihr Mor - gen-

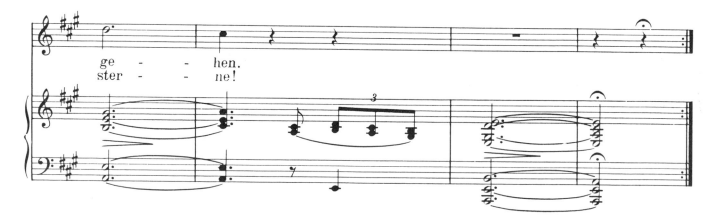

ge - - hen.
ster - - ne!

Frühlingstraum*

(MÜLLER)

FRANZ SCHUBERT

Ich träum-te von Lieb um Lie - be von

ei - ner schö - nen Maid, von Her - zen und_ von Küs - sen, von

Won - ne und Se - lig - keit,_____ von Won - ne und Se - lig - keit. Und

Schnell *(fast)*

als die Häh - ne kräh-ten, da ward mein Her - ze wach; nun

sitz ich hier al - lei - ne und den-ke dem Trau-me nach, nun

sitz ich hier al - lei - ne und den - ke dem Trau - me nach.

Langsam (*slowly*)

Die Au - gen schliess ich wie - der, noch schlägt das Herz so_

warm, die Au - gen schliess ich wie - der, noch schlägt das Herz so

warm. Wann grünt ihr Blät - ter am Fen - ster? wann halt ich mein Lieb-chen im

Arm, wann halt ich mein Lieb-chen im Arm?

Der Wegweiser*
(Müller)

Franz Schubert

Mäßig *(moderately)*

Was ver-meid ich denn die We - ge, wo die an-dern Wand-rer gehn,

su-che mir ver-steck-te Ste - ge durch ver-schnei-te Fel - sen-

höhn? su-che mir ver-steck-te__ Ste - ge durch ver-schnei-te__ Fel - sen-

* From "Die Winterreise"

höhn, durch Fel - sen - höhn? Ha - be

ja doch nichts be - gan - gen, dass ich Men-schen soll -te scheun, dass ich

Men-schen soll-te scheun, welch ein tö - rich-tes Ver - lan - gen treibt mich

in die Wü-ste - nei - en treibt mich in die Wü - ste nein?

Wei-ser

ste-hen auf den We - gen, wei-sen auf die Städ-te zu,

und ich wand-re son-der Mas - sen, oh - ne Ruh, und su - che

Ruh, und ich wand-re son-der Mas - sen, oh-ne Ruh, und su - che

Ruh, und su - che Ruh. Ei - nen

Wei-ser seh ich ste - hen un-ver-rückt vor mei-nem Blick; ei - ne

Suleika
(Goethe)

Felix Mendelssohn

Seh - nen; Blu - men, Au - en, Wald und Hü - gel steh'n bei
Her - zen; doch ver - meid', ihn zu be - trü - ben und ver-

cresc.
f

dei - nem Hauch in Trä - nen.
birg ihm mei - ne Schmer - zen.

dim.
pp

cresc. accel.

Sag' ihm, a - ber sag's be - schei - den, sei - ne

cresc.
accel.

Lie - be sei mein Le - ben. Freu - di - ges Ge - fühl von

bei - den wird mir_ sei - ne Nä - he ge - ben, wird mir sei - ne

Nä - he, sei - ne_ Nä - - - he, sei - ne_ Nä - he ge - -

cresc. sf p dim.

ben, wird mir sei - ne Nä - he ge - ben, sei - ne

cresc.

Nä - he ge - - ben.

p

Auf Flügeln des Gesanges

(Heine)

Felix Mendelssohn

stil - len Mon - den - schein;____ die Lo - tos-blu-men er - war - ten ihr

from - men, klu-gen Ga - zell'n;____ und in der Fer - ne rau - schen des

trau - tes Schwe - ster - lein,____ die Lo - tos - blu - men er -

heil' - gen Stro - mes Well'n, ____ und in der Fer - ne

war - - - - ten ihr trau-tes Schwester-lein.

rau - - - - schen des heil'-gen Stro-mes Well'n.

2. Die

3. Dort wol - len wir nie - der - sin - ken

un - ter dem Pal - men - baum und Lieb' und Ru - he trin - ken und

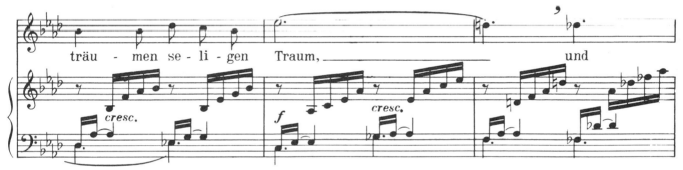

träu - men se - li - gen Traum, _____ und

träu - men se - li - gen Traum,

sel' - - - - gen Traum. _____

Intermezzo*
(Eichendorff)

Robert Schumann

Langsam (slowly)

Dein Bild - nis wun - der - se - lig

hab' ich im Her - zens - grund, das sieht__ so frisch und

fröh - lich mich an zu je - der Stund'. Mein

nach und nach schneller und schneller (gradually becoming faster) - - - - -

Herz still in sich sin - get ein al - tes, schö - nes

* From "Liederkreis"

Lied, das in die Luft sich schwin - get

und zu dir ei - lig zieht. Dein Bild - nis wun - der -

se - lig hab ich im Her - zens - grund, das

sieht so frisch und fröh - lich mich an zu je - der, je - der Stund.'

Lied der Braut
(Rückert)

Robert Schumann

Larghetto

Lass mich ihm am Bu-sen han-gen, Mut-ter,

Mut-ter! lass das Ban-gen. Fra - ge nicht: wie soll sich's wen-den? Fra - ge nicht: wie

soll das en-den? En-den? En-den soll sich's nie, wen- den? noch nicht weiss ich, ritard.

wie! Lass mich ihm am Bu-sen han-gen, lass mich! p ritard.

Ich grolle nicht*
(HEINE)

ROBERT SCHUMANN

Nicht zu schnell *(not too fast)*

Ich grol-le nicht, und wenn das Herz____ auch bricht,

e-wig ver-lor'- nes Lieb, e-wig ver-lor'- nes Lieb!____ ich

grol - le nicht, ich grol - le nicht. Wie du auch

strahlst in Di - a - man-ten-pracht, es fällt kein Strahl in dei-nes

Her - zens Nacht, das weiss ich längst.____

ritard.

70

Die Soldatenbraut

(Mörike)

Robert Schumann

Leicht, herzlich *(light, sincere)*

Ach, wenn's nur der Kö-nig auch wüsst', wie wak-ker mein Schät-ze-lein ist! Für den Kö-nig da liess' er sein Blut, für mich a-ber e-ben-so gut, für mich a-ber e-ben-so gut.

poco ritard. a tempo

poco ritard. a tempo

Mein Schatz hat kein Band und kein' Stern, kein Kreuz, wie die vor-neh-men

wenn's nur der Kö - nig auch wüsst', wie wack -er mein Schät - ze - lein

ist! Für den Kö - nig da liess' er sein Blut,___ für

mich a - ber e - ben - so gut, für mich a - ber e - ben - so

gut,

für mich a - ber e - ben - so gut!_____

Aus meinen grossen Schmerzen

(H. Heine)

Robert Franz

Andante (tenderly)

Aus mei-nen gros-sen Schmer - zen mach' ich die klei - nen Lie - der, die

he - ben ihr klin-gend Ge-fie - der und flat-tern nach ih - rem Her - - zen. Sie

fan - den den Weg zur Trau - ten, doch kom-men sie wie-der und kla - gen, und kla - gen, und wol-len nicht

sa - gen, was sie im Her-zen schau - - ten.

Immer leiser wird mein Schlummer

(Lingg)

Johannes Brahms

Langsam und leise (*slowly and softly*)

Im - mer lei - ser wird mein Schlum - mer,

nur wie Schlei - er liegt mein Kum - mer zit - ternd ü - ber

mir, — ü - ber mir. Oft im

Trau - me hör' ich dich ru - fen draus' vor mei - ner Tür,

nie - mand wacht und öff - net dir,

ich er - wach' und wei - ne bit - ter - lich, wei -

- ne bit - ter - lich.

Ja, ich wer - de ster - ben müs - sen, ei - ne

An - dre wirst du küs - sen, wenn ich bleich und kalt,

bleich___ und kalt.___ Eh' die

Mai - en-lüf - te weh'n, eh' die Dros - sel singt im Wald:

Willst du mich noch ein - mal sehn,

pp   poco cresc.

komm', o kom - me bald,

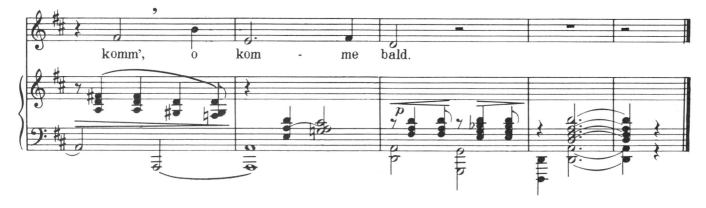

komm', o kom - me bald.

Sonntag

(UHLAND)

JOHANNES BRAHMS

Nicht zu langsam *(not too slowly)*

So hab ich doch die gan - ze Wo - che mein fei - nes Lieb - chen nicht ge-

seh'n, ich sah es an ei - nem Sonn - tag wohl_ vor der Tü - re

steh'n: das tau - send-schö-ne Jung - fräu - lein, das tau - send-schö-ne

Her - ze - lein, woll-te Gott, woll-te Gott, ich wär' heu - te bei ihr,

woll-te Gott, woll-te Gott, ich wär heu - te bei ihr!

So will mir

doch die gan-ze Wo - che das__ La - chen nicht ver-geh'n, ich sah

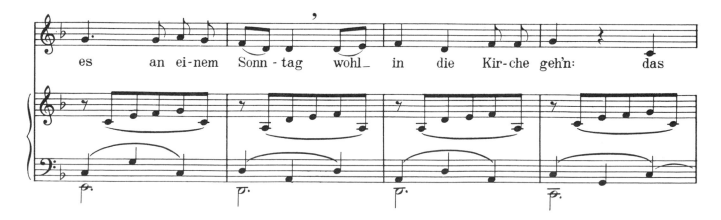

es an ei-nem Sonn-tag wohl__ in die Kir-che geh'n: das

tau - sendschö-ne Jung-fräu - lein,das tau - send-schö-ne Her - ze - lein,

woll-te Gott, woll-te Gott, ich wär' heu - te bei ihr,

woll-te Gott, woll-te Gott, ich wär heu - te bei ihr!

Mädchenlied
(Heyse)

Leise bewegt *(with gentle motion)*

Johannes Brahms

Auf die Nacht in der Spinn-stub'n da__ sin-gen die Mäd-chen da__
Spinnt Je-des am Braut-schatz, dass der Lieb-ste sich freut.__ Nicht

la-chen die Dorf-bub'n, wie flink geh'n die Räd-chen!
lan-ge, so gibt es ein Hoch-zeit-ge-läut.__

dolce

Kein Mensch, der mir gut ist,

p più

will nach mir fra-gen; wie bang mir zu Mut ist, wem soll ich's

dim.

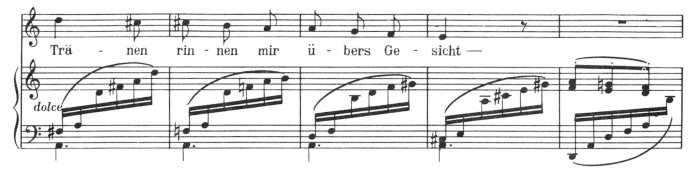

Mein Mädel hat einen Rosenmund

(Volkslied)

Johannes Brahms

Sehr lebhaft, herzlich und ungeduldig (very lively, sincere and impatient)

1. Mein Mä-del hat ei-nen Ro-sen-mund, und wer ihn küsst, der_ wird ge-sund; o
2. Die Wan-gen sind wie_ Mor-gen-röt, wie sie steht ü-berm Win-ter-schnee; o
3. Dein Au-gen sind wie die Nacht so schwarz, wenn nur zwei Stern-lein_ fun-keln drin; o
4. Du Mä-del bist wie der Him-mel gut, wenn er ü-ber uns blau sich wöl-ben tut; o

du! o du! o du! o_ du schwarz-brau-nes Mäg-de-lein du la la la la la! du_
du! o du! o du! o_ du schwarz-brau-nes Mäg-de-lein du la la la la la! du_
du! o du! o du! o_ du schwarz-brau-nes Mäg-de-lein du la la la la la! du_
du! o du! o du! o_ du schwarz-brau-nes Mäg-de-lein du la la la la la! du_

la la la la la! du lässt_mir kei-ne Ruh!
la la la la la! du lässt_mir kei-ne Ruh!
la la la la la! du lässt_mir kei-ne Ruh!
la la la la la! du lässt_mir kei-ne Ruh!

Das verlassene Mägdlein

(Möricke)

Hugo Wolf

Früh, wann die Häh-ne krähn,
eh die Stern-lein schwin-den, muss ich am Her-de stehn, muss Feu-er zün-den.
Schön ist der Flam-men Schein, es springen die Fun-ken; ich schau-e
so dar-ein, in Leid ver-sun-ken.

Plötz-lich, da kommt es mir, treu-lo - ser Kna - be, dass ich die

Nacht von dir ge - träu - met ha - be.

Trä - ne auf Trä-ne dann stür - zet her - nie - dor; so kommt der Tag her-an

o ging er wie-der!

Der Gärtner

(Möricke)

Hugo Wolf

Leicht, graziös *(light, graceful)*

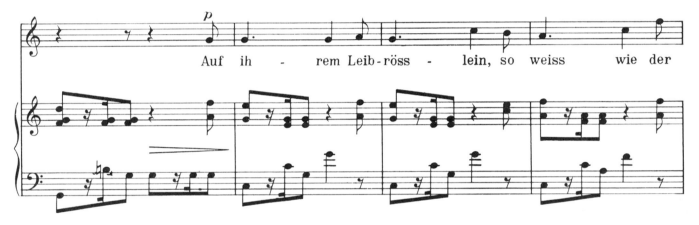

Auf ih - rem Leib-röss - lein, so weiss wie der

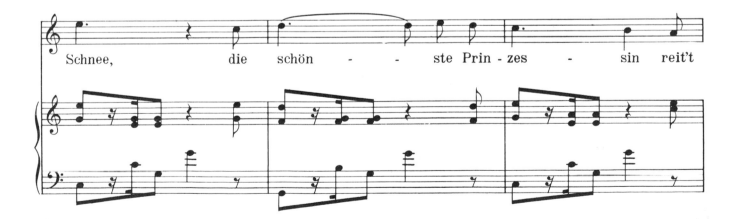

Schnee, die schön - - ste Prin - zes - sin reit't

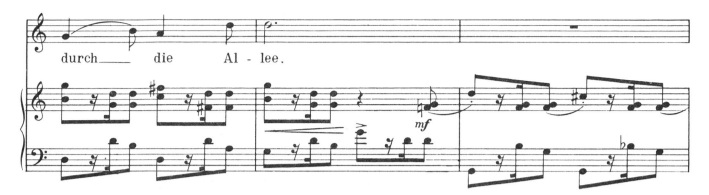

durch___ die Al - lee.

Der Weg, den das Röss - lein hin -

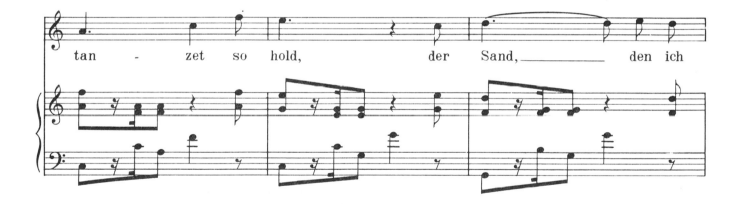

tan - zet so hold, der Sand,___ den ich

streu - te, er blin - ket wie Gold!

Du ro - sen - farb's

Hüt - lein wohl auf und wohl ab, o wirf ei - ne

Fe - der ver - stoh - len her - ab! Und willst du da -

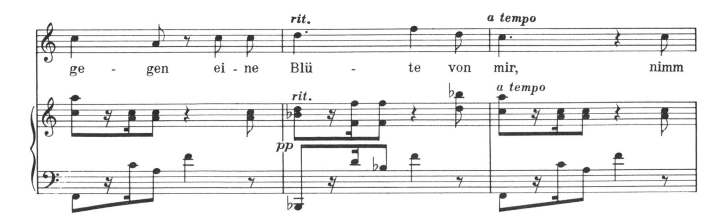

ge - gen ei - ne Blü - te von mir, nimm

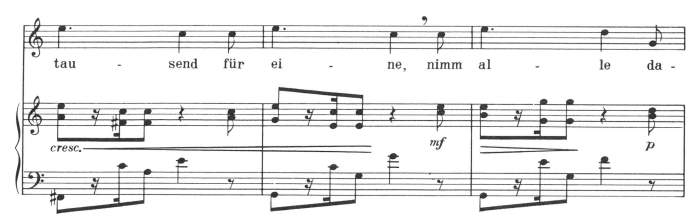

tau - send für ei - ne, nimm al - le da-

cresc. · *mf* · *p*

für! Nimm tau - send für ei - ne, nimm

f · *pp*

rit. · *a tempo*

al - le da - für!_____

rit. · *a tempo* · *p* ——— *pp*

ppp

Nun wandre, Maria*

Hugo Wolf

(Der heilige Joseph singt)
(St. Joseph sings)

* From "Spanisches Liederbuch" Translated from the Spanish by Heise and Geibel

wan - dre, Ge - lieb - te, du Klein - od mein, und

bal - de wir wer - den in Beth-le-hem sein. Dann

ru - hest du fein und schlum - merst dort. Schon

krä - hen die Häh - ne und nah ist der Ort.

Wohl seh ich, Her - rin, die Kraft dir schwin - den;

kann dei-ne Schmer - zen, ach, kaum ver - win - den.

Ge - trost! wohl fin - den wir Her - berg dort;

schon krähn die Häh - ne und nah ist der Ort.

Wär erst be-stan-den dein Stünd-lein, Ma-rie, die gu - te Bot - schaft

sehr zart (very tenderly)

gut_ lohnt ich sie. Das E - se-lein hie gäb ich drum fort! Schon

wie aus weiter Ferne (as from a distance)

krä - hen die Häh - ne, komm! nah ist der

Ort._____

Auf ein altes Bild

(MÖRICKE)

HUGO WOLF

Langsam *(Slowly)*

sehr zart
(very delicately)

In grü-ner Land-schaft Som-mer-flor, bei küh-lem Was-ser, Schilf und Rohr,— schau, wie das Knäb-lein sün-de-los, frei

spie - let auf ___ der Jung - frau ___ Schoss!

Und dort im Wal - de won - ne - sam, ___

ach, grü - net schon des Kreu - zes Stamm!

Liebst du um Schönheit

(Rückert)

Gustav Mahler

Jahr!   Liebst du um Schät-ze,   o nicht mich

steigernd (with

lie - be!   Lie-be die Meer-frau,   sie hat viel Per-len   klar! _____ Liebst du um

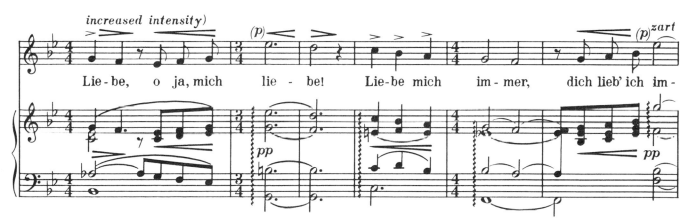

increased intensity)   *(p)*   *(p)zart*

Lie - be,   o ja, mich   lie - be!   Lie-be mich   im - mer,   dich lieb' ich im-

(tenderly)

- mer,_ im - mer - dar!

Zueignung

(von Gilm)

Richard Strauss

Ja, du weisst es,

teu - re See - le, dass ich fern von dir__ mich quä - le,

Lie - be macht die Her - zen krank, ha - be Dank!

Einst hielt ich, der Frei - heit Ze - cher, hoch den A - me -

thy- sten-be-cher, und du seg - ne-test den Trank, ha - be Dank!

con espress

mit Weihe (solemn)

Und beschworst da - rin die Bö - sen,

bis ich, was ich nie ge-we - sen, hei - lig, hei - lig an's Herz dir sank,

ha - be Dank!

L'absence*

(Gautier)

Hector Berlioz

Re - viens, re - viens,— ma bien - ai - mé - - e! Comme u - ne fleur— loin du so - leil,— La fleur— de ma vie— est fer - mé - e— Loin de ton sou - ri - re ver-

* From "Les nuits d'été"

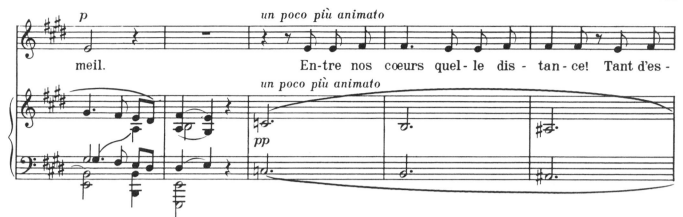

meil.　　　　En-tre nos cœurs quel-le dis - tan - ce! Tant d'es -

pace en-tre nos bai - sers! O sort a - mer! ô dure ab - sen - ce!

O　grands dé - sirs　i - na - pai - sés!

Tempo I

Re-viens, re - viens,_ ma bien ai - mé - - e!　Comme u - ne

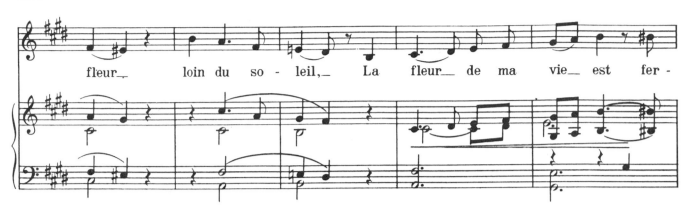

fleur___ loin du so - leil,___ La fleur___ de ma vie est fer -

mé - e___ Loin de ton sou - ri - re ver - meil.

D'i-ci là - bas que de cam - pa-gnes, Que de vil-les et de ha-meaux, Que de val-

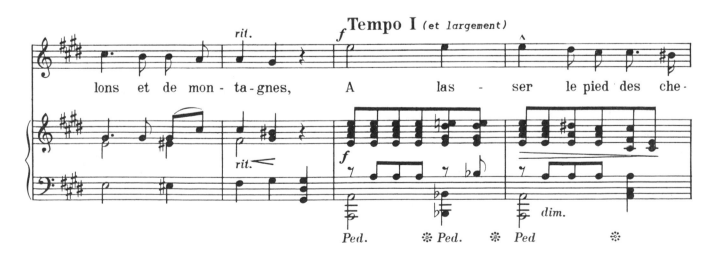

lons et de mon - ta-gnes, A las - ser le pied des che-

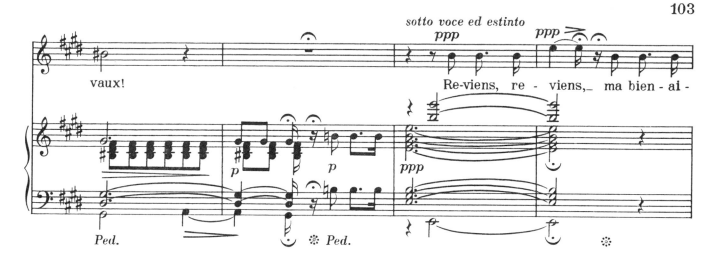

vaux!
Re-viens, re - viens,_ ma bien - ai-

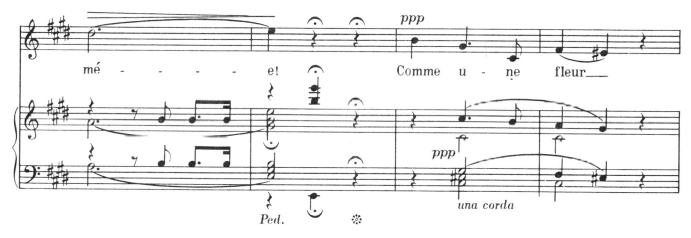

mé - - - - e!
Comme u - ne fleur_

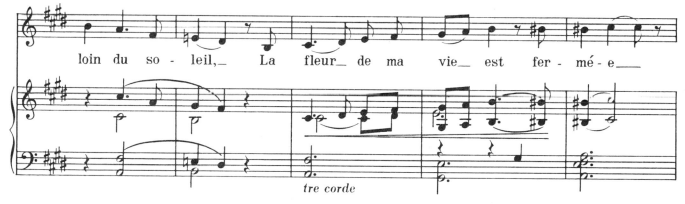

loin du so - leil,_ La fleur_ de ma vie_ est fer - mé-e__

Loin de ton sou - ri - re ver - meil.

Bonjour, Suzon!
(De Musset)

Léo Delibes

Allegretto vivo

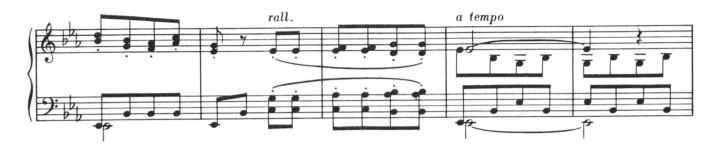

1. Bon-jour, Su - zon, ma fleur des bois! _____ Es - tu tou-
2. Je t'ai vue au temps des li - las, _____ Ton coeur joy-

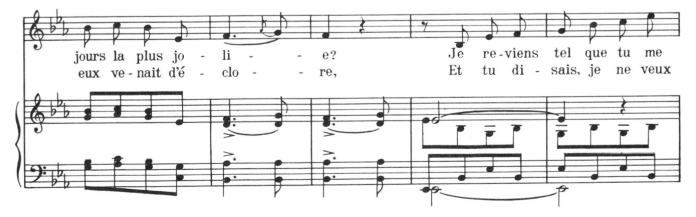

jours la plus jo - li - - e? Je re-viens tel que tu me
eux ve - nait d'é - clo - - re, Et tu di - sais, je ne veux

vois,_____ D'un grand voy - age en I - ta - li - e.
pas,_____ Je ne veux pas qu'on m'ai-me en - co - - re.

Du pa - ra - dis j'ai fait le tour,_____ J'ai fait des
Qu'as-tu fait de-puis mon dé - part?_____ Qui part trop

vers, j'ai fait l'a - mour,_____ J'ai fait des vers, j'ai
tôt re-vient trop tard,_____ Qui part trop tôt re -

un poco riten.

fait l'a - mour.
vient trop tard! 1.- 2. Mais que t'im - por - - te, mais que t'im-

un poco riten.

106

por - te? Je pas-se de-vant ta mai-son, je pas-se

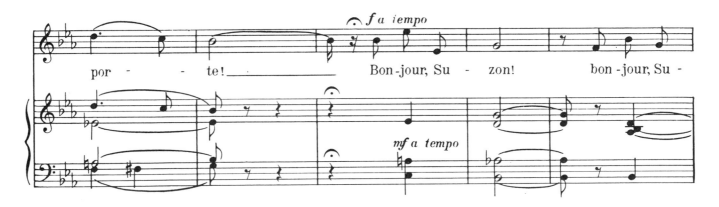

de-vant ta mai-son; Ou-vre ta por - te, ou-vre ta

por - te! Bon-jour, Su - zon! bon-jour, Su -

zon! zon!

Ouvre ton coeur

(Delâtre)

Georges Bizet

Allegretto

La mar - guerite _____ a fer - mé sa co - rol - le, _____

_____ L'ombre a fer - mé_ les_ yeux du jour,

les _____ yeux du jour. _____

Bel - - le, _____ me tien-dras - tu pa - ro - le? _____

_____ La _ mar-gue-ri-te a fer-mé sa co -

rol - - le. _____

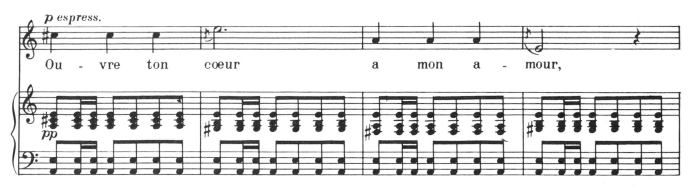

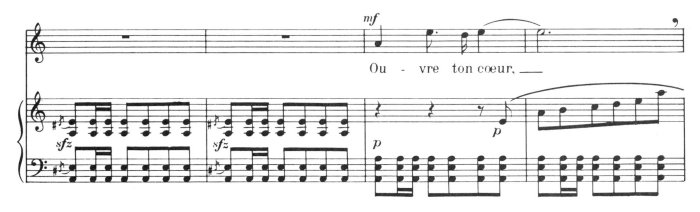

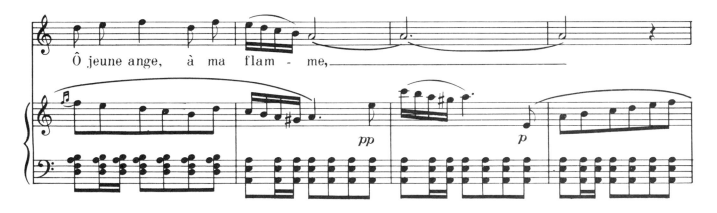

Je _____ veux _____

__ re - pren - dre mon â - me, _____

Ou - vre ton cœur, ô jeune ange, à ma flam - - - me, _____

Comme u - ne fleur

s'ouvre au so - leil! Ou - vre ton cœur, ___

ou - vre ton cœur, ___ Com - - me u - ne ___ fleur

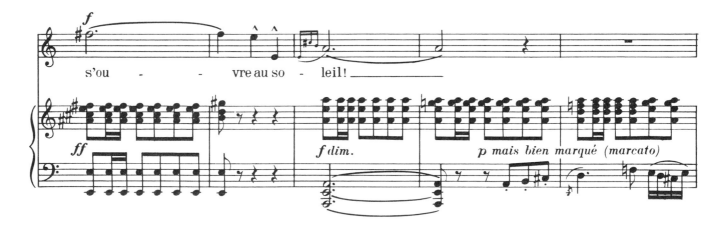

s'ou - - vre au so - leil! _____

Après un rêve
(FROM THE TUSCAN BY BUSSINE)

GABRIEL FAURÉ

Dans un som - meil __ que char-mait ton i - ma - ge,

Je rê-vais le bon-heur.... ar-dent mi-ra - ge;

Tes yeux é-taient plus doux, __ ta voix pure et so-no - re, Tu ray-on-

nais comme un ciel ____ é-clai-ré par l'au-ro - re;

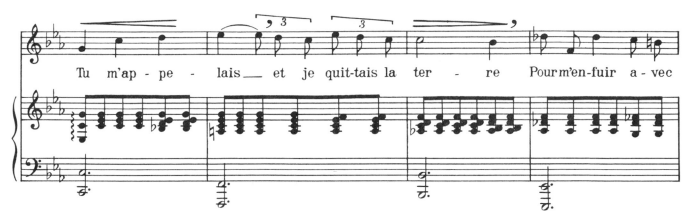

Tu m'ap - pe - lais___ et je quit-tais la ter - re Pour m'en-fuir a - vec

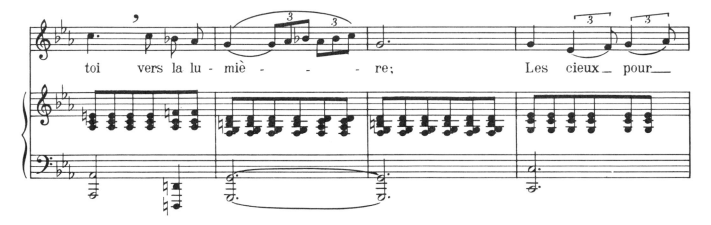

toi vers la lu - miè - - re; Les cieux___ pour___

cresc poco a poco

nous___ en-trou-vraient leurs nu - es, Splen - deurs_____ in - con - nu - es, lu -

cresc poco a poco

eurs di - vi - nes en - tre-vu - es. Hé - las! Hé - las, tris-te ré - veil des

son - ges, Je t'ap-pel - le,ô nuit,___ rends-moi tes men-

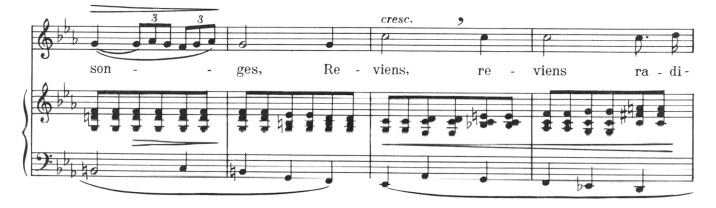

son - ges, Re - viens, re - viens ra - di-

eu - se, Re - viens, ô nuit mys-té-ri-

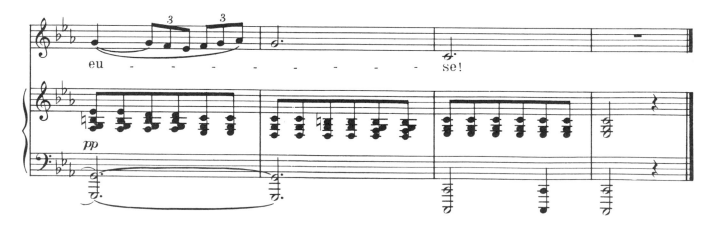

eu - - - - - - - se!

Extase
(Lahor)

Henri Duparc

mort,＿＿＿＿＿＿ Mort ex - qui - se,

mort par-fu - mé - - e Du souf - fle de la

bien-ai - mé e.

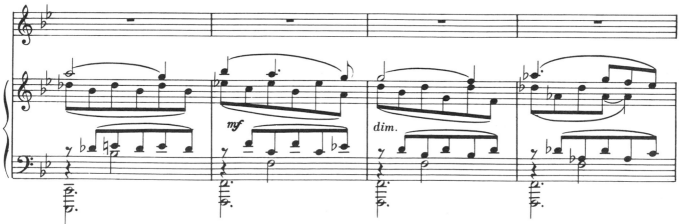

Le temps des lilas*

(Bouchor)

Henri Chausson

*From: "Poeme de l'amour et de la mer"

le temps des œil-lets aus - si.

Le vent a chan-gé, les cieux sont mo - ro - ses, Et nous

augmentez un peu (poco cresc.)

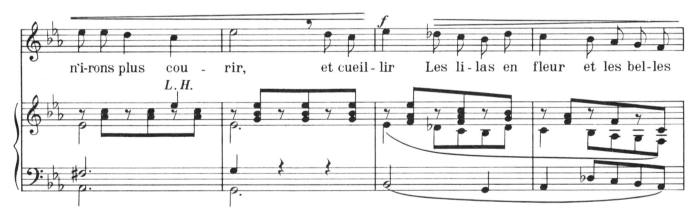

n'i-rons plus cou - rir, et cueil-lir Les li-las en fleur et les bel-les

ro - ses; Le prin-temps est triste et ne peut fleur-ir.

en pressant un peu (poco acc.)

Plus animé *(molto animato)*

Oh!_____ joy - eux et doux prin -

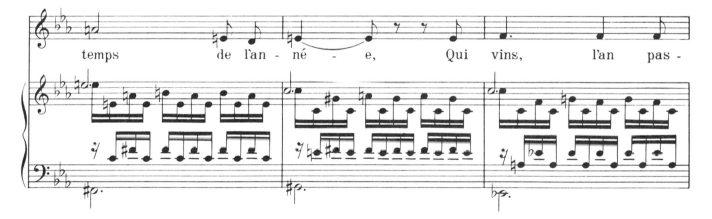

temps de l'an - né - e, Qui vins, l'an pas -

sé, nous en - so - leil - ler,_____

No - tre fleur d'a - mour est si bien fa - né - e,

Las! que ton bai -

ser ne peut l'é - veil -

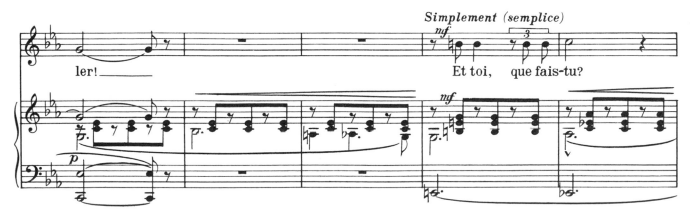

ler! Et toi, que fais-tu?

Simplement (semplice)

pas de fleurs é - clo - ses, Point de gai so - leil ni d'ombra - ges

au premier mouvement   **Lent** *(lento)*

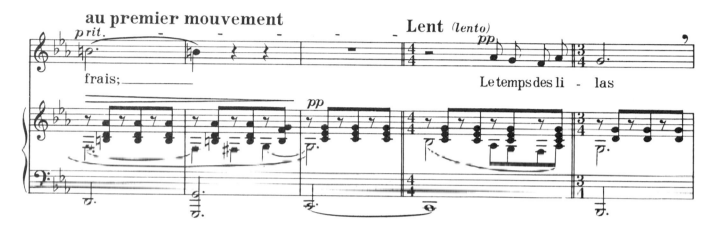

frais;_____ Le temps des li - las

et le temps des ro - ses___ Avec notre a - mour est mort

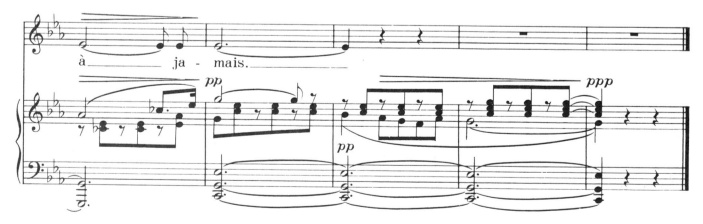

à_____ ja - mais._____

124

L'heureux vagabond

(Mendès)

Alfred Bruneau

blanc, li-re-lan, "Pau-vre, prends tou-te la mi - che! J'ai dans mon cœur fleu - ri, (chante, ros-si-gnol,

chante si je ris!) j'ai dans mon cœur jo - li, li - re - li, ma mi - e!"

3e COUPLET

Un vo-leur sur le che - min, li-re-lin, dans ma po - che m'a vo-lé mes trois é -

cus, li - re - lu. "Vo-leur, prends la poche aus - si! J'ai dans mon cœur fleu-

ri, (chante ros-si-gnol, chante si je ris!) j'ai dans mon cœur jo - li, li-re-li, ma mi - e!"

4ᵉ COUPLET

Je m'en vais mou-rir de faim, li-re-lin, dans la plai - ne. Plus de pain blanc ni d'é-

cus, li-re-lu. Mais qu'impor-te si, tou-jours, j'ai dans mon cœur pleu-rant, (chante, ros-si-gnol,

très largement (largamente)

chante en sou-pi-rant!) j'ai dans mon cœur mou-rant, li-re-lan, ma mi - e!

Beau soir

(Bourget)

Claude Debussy

Lorsque au so-leil cou-chant les ri-viè-res sont ro - ses, Et qu'un tiè - de fris-son court sur les champs de

blé, _____ Un con-seil d'etre heu-reux semble sor-tir des

cho - ses Et mon - ter vers le coeur___ trou

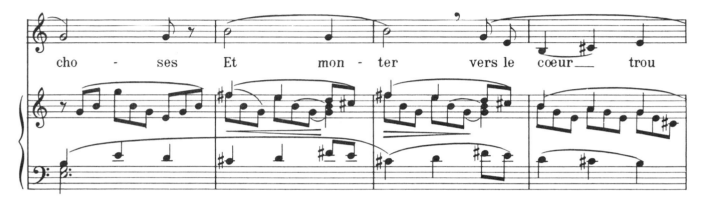

blé. Un con - seil de goû-ter le char - me d'être au

mon - - de Ce - pen-dant qu'on est jeune et que le soir est

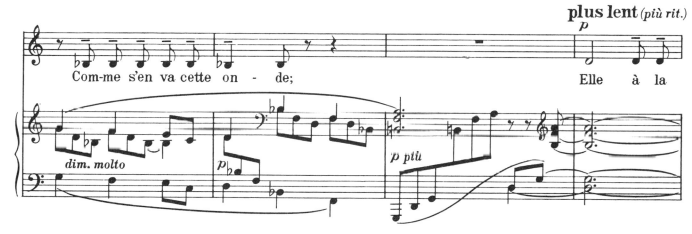

Mandoline

(Verlaine)

Claude Debussy

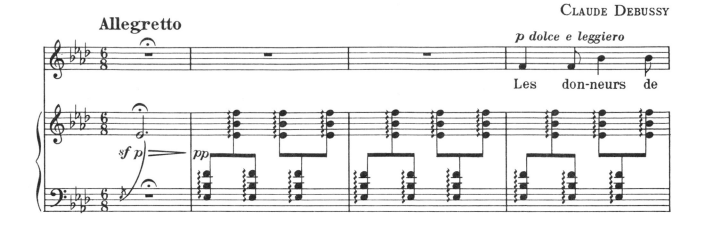

Les don-neurs de

sé - ré - na - des   Et les bel - les é - cou-teu-ses   É-changent des pro-pos fa - des

Sous les ra-mu-res chant-eu - - - - - ses.

C'est Tir-cis et c'est A - min - te, Et c'est l'é-ter-nel Cli-

tan - - - - - dre, Et c'est Da-mis qui

pour main-te Cru-el - le fait maint vers ten - dre.

Leurs cour-tes ves - tes de soie, Leurs lon-gues

ro - bes à ____ queues, ___ Leur é - lé-gan - ce, leur joie __ Et leurs mol - les

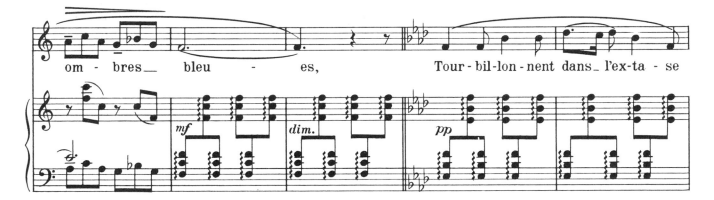

om - bres __ bleu - es, Tour - bil-lon - nent dans __ l'ex-ta - se

D'u-ne lu - ne rose __ et gri - se, Et la man-do - li - ne ja - se

par-mi les frissons de bri - - - - se. La,

la, la,la,la, la,la,la,la,la,la, la,_____ la, la_ la, la,_ la,la _ la,

la _____ la _____ la _____

la _____ la _____ la la _____ toujours en

la._____ allant se perdant (poco a poco morendo) Ped.

Evening prayer *)
ВЕЧЕРНЯЯ МОЛИТВА
(Moussorgsky)

Modeste Moussorgsky

Oh, dear Lord, watch ov - er Gran - ny who loves us dear - ly, and grant to her
Гос - по - ди по - ми - луй ба - буш - ку ста - рень - ку - ю, Пош - ли ты ей

hap - pi - ness for years to come. Gran - ny is good to us, Gran - ny is ve - ry old,
доб - ро - е здо - ро - вьи - це, Ба - буш - ке доб - рень - кой, ба - буш - ке ста - рень - кой;

oh, dear Lord! Oh, dear Lord, bless them all: Aun - tie Ka - tie, Aun - tie Na -
Гос - по - ди! И спа - си, бо - же наш: Те - тю Ка - тю, те - тю На -

dim. mf p

ta - sha, Aun - tie Ma - sha, Aun - tie Pa - ra - sha, Aun - tie Liu - bla Va - ria and
та - шу, Те - тю Ма - шу, те - тю Па - ра - шу, Те - тей: Лю - бу, Ва - рю, и

cresc.

In the midst of the ball
СРЕДЬ ШУМНАГО БАЛА

(Tolstoi)

Peter Tchaikovsky

con

In
Средь

Moderato

tristezza

midst of the danc - ing,　quite vague - ly,　sur - round - ed by
шум - на - го ба - ла　слу - чай - но,　въ тре - во - гѣ мірс -

clamour-ing swains, the first time I saw you,　a rid - dle,　that
кой су - е - ты,　те - бя я у - ви - дѣлъ,　но тай - на тво

poco cresc.

hear the gay sound of your voice. O'er-come by un-hap-pi-ness
слы-шу ве - се-лу-ю рѣчь, и груст-но я, груст - но такъ

in my slum-ber tor-ment-ed by vi - sions and dreams
за-сы - па-ю, и въ грезахъ не - вѣ - домыхъ силю

I wish I knew whe-ther I love you! It seems to me: I do love
Люб-лю-ли те - бя я не-зна - ю, но ка - жет-ся мнѣ что люб-

Tempo I

you! _____
лю! _____

Cradle song
КОЛЫБЕЛЬНАЯ

(Lermontoff)

Alexander Gretchaninov

Sleep my lit - tle boy, my dar - ling,
Спи, ма - лют - ка мой пре - крас - ный,

Lul-la, lul-la-bye, ___ lul-la, lul-la-bye! Moon - light quiet-ly ___
Ба-юш-ки ба - ю! ___ Ба-юш-ки ба - ю! Ти - хо смо - тритъ

lights your cham - ber, looks in - to_ your_ crib.
мѣ - сяцъ яс - ный въ ко - лы - рель тво - ю.

I _ shall tell _ you fai - ry sto - ries, lit - tle songs I sing.
Ста - ну ска - зы - вать я сказ - ки пѣ - сен - ку _ спо - ю.

And _ you'll slum - ber, close your eyes now, slum-ber, lul - la _ bye, lul-la-
Тыжъ дрем-ли за - крыв-ши глаз-ки, Ба - юш-ки ба - ю! Ба -

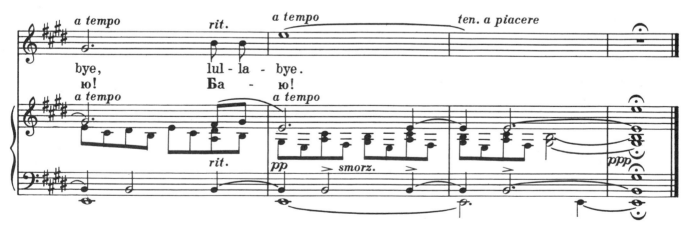

bye, lul - la - bye.
ю! Ба - ю!

Biblical song*
Biblický zpěv

ANTONÌN DVOŘAK

*N° 4 from "Biblical songs" op. 99

And though I walk in the sha - dows of
Byť se mi dos-ta-lo jí - ti přes u - do-li

death's dark val - ley, I walk, and know no fear, for
stí - nu smi - ti, ne-bu-duť se bá - ti zlé - no,

Thou art by my side. Thou, oh Lord, up-hold my spir - it and
no-ho Tu se mnou jsi; a prut-tvůj a hůl-tva, tot' mne

com - fort me al - ways.
po - tě - šu - je.

With a primrose
Med en primulaveris
(Paulsen)

Edvard Grieg

Allegretto dolcissimo

This ear - ly flow - er, mo - dest, shy, To
Du Vå - rens mil - de, skjøn - ne Barn, tag

you, __ my love, I bring. Dis - dain __ it not, for -
Vå - rens för - ste Blom - me, og kast __ den ej, for -

get __ the rose, your - self __ a child __ of spring. So
di __ du ved, at Som - rens Ro - ser kom - me. Ak,

beau - ti - ful is sum - mer - time, the
vist er Som - ren lys og smuk og

au - tumn cheers your heart,_____ but spring is yet the
rig___ er Li - vets Höst,_____ men Vå - ren er den

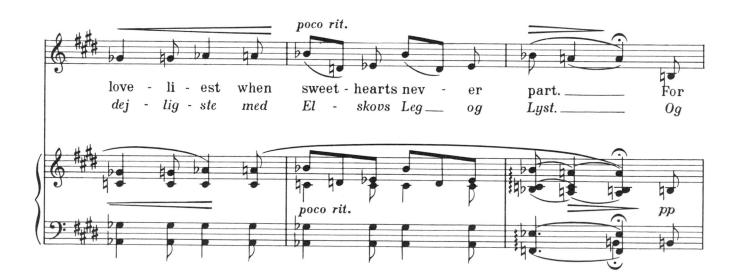

love - li - est when sweet - hearts nev - er part._____ For
dej - lig - ste med El - skovs Leg___ og Lyst._____ Og

148

us, oh fair - est maid, there glows the spring - time's morn - ing -
du og jeg, min ran - ke Mo står jo i Vå - rens

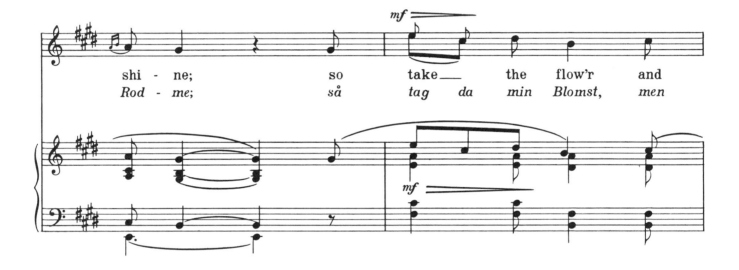

shi - ne; so take___ the flow'r and
Rod - me; så tag da min Blomst, men

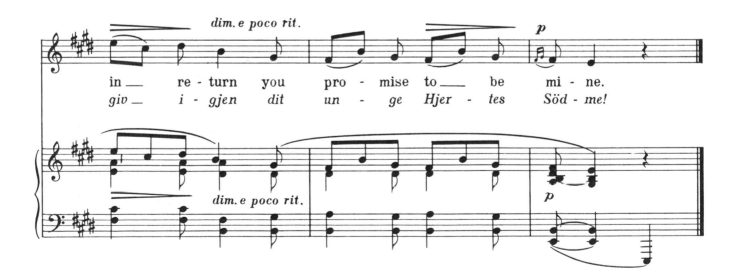

in___ re - turn you pro - mise to___ be mi - ne.
giv___ i - gjen dit un - ge Hjer - tes Söd - me!

El tra la la y el punteado

(Periquet)

Enrique Granados

Allegro

Es en bal-de, ma-jo mi - o, que si-gas ha-blan - do, por que hay co-sas que con-tes-to yo siem-pre can-tan - do. Tra la la la la la la la la la la la la

La 2ª vez al Fin.

la   la la la la la.

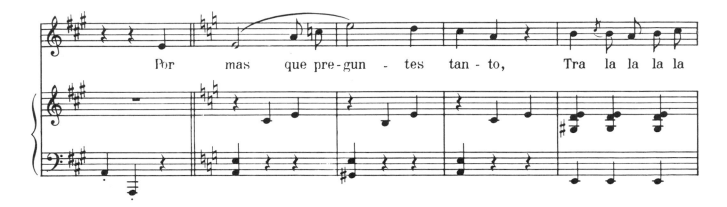

Por mas que pre-gun - tes tan - to,   Tra la la la la

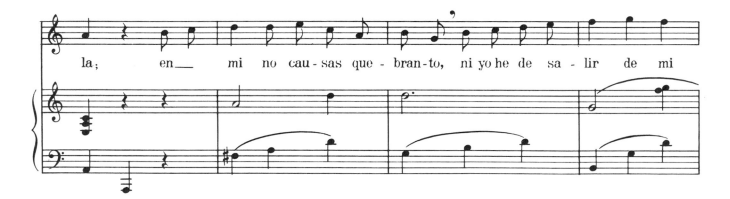

la;   en__ mi no cau-sas que-bran-to, ni yo he de sa-lir de mi

can - to la la la la la la.   Es -

Nebbie
(NEGRI)

OTTORINO RESPIGHI

cor - vi, Fi - da - ti all'à - li ne - re, Tra - ver - san le bru -

cresc.

ghie - re Tor - vi. Del là e -

f   dim.   p

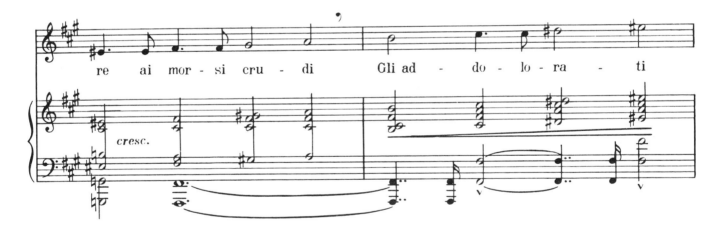

re ai mor - si cru - di Gli ad - do - lo - ra - ti

cresc.

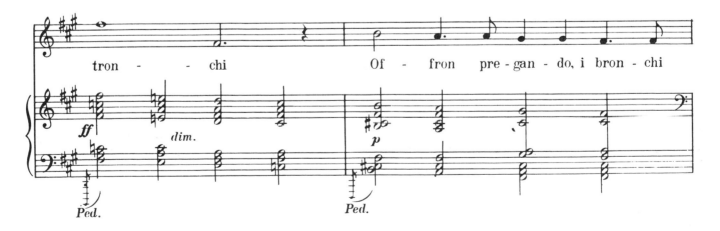

tron - chi   Of - fron pre - gan - do, i bron - chi

ff   dim.   p

Ped.   Ped.

nu - di.　　　　　　Co - me ho fred - do!

Son so - la;　Pel gri-gio ciel sos-pin - to　Un ge-mi-to de-stin - to

Vo - la;　E mi ri-pe - te: Vie - ni, È bu-ia la val-

la - ta. O tri-ste, o di-sa - ma - ta, Vie - ni! Vie - - ni!

Silver moonbeams
Ablakomba, ablakomba,

(FOLKSONG)

BÉLA BARTÓK

Menie

(Burns)

Edward MacDowell

Sadly, despondently

In vain to_ me the cow-slips blaw, In vain to me__ the
vi - o -lets spring, In vain to_ me, in glen or shaw, The
ma - vis and__ the lint - white sing.____

Come, Win - ter with thine an - gry howl, And

ra - ging bend___ the na - ked tree; Thy gloom___ will soothe my

cheer - less soul, When na - ture all is sad__ like me! like

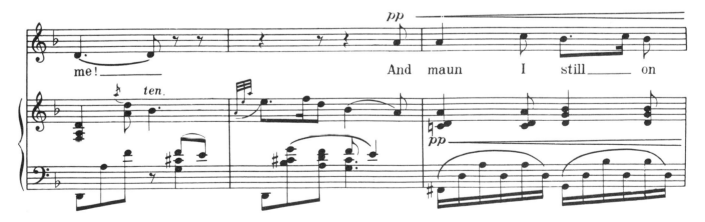

me!___ And maun I still___ on

Me - nie doat, And maun I still___ on Me - nie doat, And

ff passionately *ppp*

bear the scorn that's in her e'e?___ For it's jet, jet black, and it's

ff *ppp* *two pedals*

slower

like a hawk, And it win - na win - na let a bo - dy

slowly *in time*
ppp

be Ach! it win-na!

pp *ppp* *pp* *pp* *ppp*

Evening
(Milton)
From "Paradise Lost"

Charles Ives

these to their nests were slunk, but the wake-ful night-in -

gule; She all night long, all night long her a-mor-ous___ des -

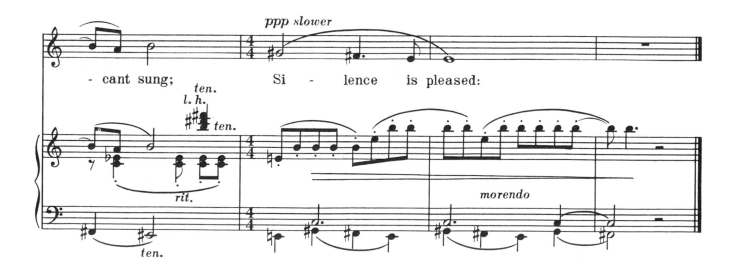

- cant sung; Si - lence is pleased: